머리에
쏙쏙!
일등
고사성어

머리에 쏙쏙! ^{일등}고사성어

2015년 6월 22일 초판 1쇄 펴냄 · 2020년 5월 20일 초판 4쇄 펴냄

펴낸곳 | (주)꿈소담이
펴낸이 | 김숙희
글 | 이규희
그림 | 김 석

주소 | (우)02880 서울특별시 성북구 성북로 5길 12 소담빌딩 302호
전화 | 747-8970
팩스 | 747-3238
등록번호 | 제6-473호(2002. 9. 3)

홈페이지 | www.dreamsodam.co.kr
북 카 페 | cafe.naver.com/sodambooks
전자우편 | isodam@dreamsodam.co.kr

ISBN 978-89-5689-979-4   64710
ISBN 978-89-5689-724-0   (세트)

머리에 쏙쏙! 일등 고사성어

이규희 글 | 김 석 그림

소담 주니어

인생의 표지판처럼 바른 길을 알려 주는
고사성어!

초등학교 때, 우리 반에 참 똑똑한 친구가 있었어요. 그 친구는 공부도 잘했지만 무엇보다 말을 할 때마다 어려운 말들을 척척 잘 썼어요.

나는 신기한 듯 그 친구가 하는 말에 귀를 기울였어요.

"어쩜, 우리는 이심전심이야!"

"일각천금이라는 말도 모르니? 시간을 금쪽같이 아껴야지!"

"아휴, 우이독경이 따로 없군!"

"아무래도 쟤는 개과천선하긴 글렀어."

알고 보니 그 친구는 말끝마다 '고사성어'를 인용해서 쓰고 있었어요. 그 친구가 아주 멋지게만 보였던 나는 그 후 그 친구처럼 열심히 고사성어를 익혔지요.

그러던 어느 날 나는 놀라운 비밀을 깨닫게 되었어요.

'고사성어 속에 이렇게 많은 이야기가 숨어 있다니!'

아주 오래 전, 우리 옛 선인들이 살아가면서 느꼈던 지혜와 삶의 철학이 고사성어 속에 오롯이 담겨 있었어요. 그뿐 아니라 우리나라와 중국의 역사 속에서 일어난 일들이나 『삼국지연의』, 『수호지』, 『초한지』 등 문학 작품 속에 등장하는 재미있는 사건들도 고사성어 속에 들어 있었고요.

　나는 이 책을 엮으면서, 어린 시절 고사성어를 익히며 느꼈던 감동을 어린 독자들에게 되돌려 주고 싶었어요. 이 세상에는 수많은 말과 글이 있지만, 가장 짧으면서도 우리에게 재미와 감동, 살아가는 지혜를 깨닫게 해 주는 말이 바로 고사성어라는 걸 알려 주고 싶었거든요.

　이 책 속에는 그런 고사성어들이 주제별로 엮여져 있답니다.

　때때로 공부하기 싫어 게으름을 피우고 싶을 때는 '형설지공'과 '절차탁마'를, 지혜가 필요한 순간에는 '선견지명'과 '새옹지마'를, 우정의 소중함을 깨닫고 싶을 때는 '관포지교'와 '죽마고우' 등을 찾아 읽어 보세요. 장차 꿈을 이루기 위해 꼭 버려야 하는 태도가 무엇인지 궁금하다면 '자승자박'이나 '사상누각', '용두사미' 등을 찾아보면 된답니다. 특히 살아가면서 필요한 삶의 지혜들을 마치 표지판처럼 명쾌하게 가르쳐 주는 고사성어들만 쏙쏙 골랐어요!

　이 책을 읽고 부디, 어린 독자들이 더욱 지혜롭고 현명하고, 용기 있게 이 세상을 살아가기를 바랍니다!

이규희

차례

2. 꿈을 이루기 위해 꼭 알아야 할 고사성어

3. 리더십을 길러 주는 고사성어

4. 사회성을 길러 주는 고사성어

5. 지혜로운 생각을 키워 주는 고사성어

6. 친구 간의 진실한 사귐을 위한 고사성어

7. 학업성취를 높이는 고사성어

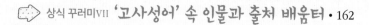

8. 자아존중감을 높여 주는 고사성어

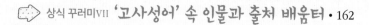

9. 역사 속에서 찾아보는 고사성어

10. 전쟁 이야기 속 재미있는 고사성어

01

그릇된 생각과 행동을
꼬집어 경계하는 고사성어

我 나 아 田 밭 전 引 끌 인 水 물 수

자기 논에만 물을 댄다는 뜻으로,
자신의 이익을 먼저 생각하고 행동한다는 의미.

'난 몸이 약하니까 안 돼.'

유리는 청소 시간이면 늘 이렇게 속으로 중얼거렸어요. 어려서부터 심장이 약해서 힘든 일을 하면 숨이 가빠 왔거든요.

"김유리, 아무리 그래도 휴지 정도는 주울 수 있지 않니?"

"네가 뭐 우리 반 공주라도 돼?"

대걸레로 교실 바닥을 박박 닦던 수정이와 정수가 못마땅한 듯 쏘아붙였어요.

하지만 유리는 들은 척도 하지 않았어요.

그러던 어느 날, 쉬는 시간에 아이들이 운동장에서 팔짝팔짝 뛰며 줄넘기를 하는 게 보였어요. 유리는 그 곁으로 다가가 말했어요.

"얘들아, 나도 같이 하자!"

"어머, 몸이 약한 네가 어떻게 줄넘기를 할 수 있니?"

수정이가 고개를 갸우뚱하고 물었어요.

"응, 의사 선생님이 조금씩 운동을 해야 된댔어."

"뭐어? 청소는 안 되고 줄넘기는 된단 말이지?"

아이들은 어이가 없다는 듯 깔깔대며 웃었어요.

유리는 그만 얼굴이 빨개진 채 교실로 마구 뛰어갔어요.

〈창작동화〉 '유리의 핑계'

  자기 혼자 편한 쪽으로 생각하고 친구들이 힘들 때 모른 척한다면, 내가 도움이 필요할 때 친구들도 나를 도와주지 않을 거예요. 친구들과 좋은 관계를 맺으려면 먼저 남을 생각하고 배려해야 합니다.

고사성어 하나 더

불문곡직 不 아니 불 問 물을 문 曲 굽을 곡 直 곧을 직

굽음과 곧음을 묻지 않는다는 뜻으로, 옳고 그름을 따지지 않고 함부로 일을 처리한다는 의미.

표리부동

表 겉 표 裏 속 리 不 아니 부 同 한가지 동

겉과 속이 같지 않다는 뜻으로, 마음이 음흉하여 겉과 속이 다르거나
말과 행동이 다르다는 의미.

먼 옛날, 어느 마을에 아들과 며느리가 눈먼 어머니를 모시고 살았어요.

아들은 비록 가난했지만 어머니를 지극정성으로 모셨어요. 하지만 며느리는 늘 시어머니를 눈엣가시처럼 여겼어요.

어느 날 아들은 먼 곳으로 일을 하러 떠나면서 아내에게 단단히 일렀어요.

"어머니가 고기반찬을 좋아하시니 끼니마다 잘 챙겨 드리시오."

'흥, 이 맛있는 고기를 만날 시어머니만 드려야 되다니.'

며느리는 고기반찬을 혼자서 맛나게 먹고는 눈먼 시어머니에게는 지렁이를 잡아다 드렸어요. 그런 줄도 모르고 앞 못 보는 시어머니는 지렁이 반찬을 날마다 맛있게 잡수셨지요.

"아가, 무슨 돈이 있다고 날마다 고기를 사 오느냐? 이제 그만 사 오너라."

"어머니, 제가 날마다 남의 집 일을 해 주고 번 돈으로 사 오는 것이니 걱정 마세요."

며느리는 시어머니 앞에서 능청스럽게 거짓말을 하곤 날마다 고기반찬은 자기가 꿀꺽 먹고, 시어머니에게는 지렁이 반찬을 해 드렸어요.

'에고, 아범은 제대로 먹기나 하려는지……'

어머니는 아들이 오면 주려고 지렁이 고기를 조금씩 치마폭에 감췄어요.

그리고 몇 달 후 아들이 돌아오자 어머니는 감춰 둔

지렁이 반찬을 내놓았어요.

"애야, 이것 좀 먹어 보렴. 며늘아기가 날마다 해 준 고기반찬이란다."

"아니, 이, 이건 지렁이잖아요! 여보, 다, 당신이 어떻게?"

아들은 기절할 듯 놀랐어요.

그때였어요. 갑자기 마른하늘에서 며느리를 향해 우르르 꽝꽝 벼락이 떨어졌어요. 벼락 맞은 며느리는 눈 깜짝 할 사이에 두더지가 되고 말았어요.

그 후 두더지로 변한 며느리는 땅속에서 날마다 지렁이만 먹으며 살게 되었답니다.

〈우리나라 옛이야기〉 '두더지가 된 며느리'

며느리처럼 이렇게 겉과 속이 다른 사람은 언제고 큰 벌을 받게 됩니다. 특히 나보다 힘없고 약한 사람을 무시하거나 업신여기면 더더욱 안 되지요. 언제나 나보다 약한 사람을 도와주고 보살펴 주는 마음이야말로 사람이 지켜야 할 도리랍니다.

고사성어 하나 더

자가당착 自 스스로자 家 집가 撞 부딪힐당 着 붙을착

스스로 부딪히기도 하고 붙기도 한다는 뜻으로, 같은 사람의 말이나 행동이 앞뒤가 서로 맞지 않고 모순될 때 '자가당착'에 빠졌다고 함.

과대망상

誇 자랑할 과 大 큰 대 妄 망령될 망 想 생각 상

자기의 현재 상태를 실제보다 턱없이 크게 평가하고
그것이 사실이라고 믿는 생각.

숲 속에 사는 새들은 저마다 자기가 가장 아름답다며 자랑했어요.

그러던 어느 날 하느님이 새들을 모두 불러 모아 말했어요.

"일주일 후에 가장 아름다운 새를 뽑아 너희들의 왕으로 삼겠다!"

그날 이후 새들은 저마다 아름답게 치장을 하느라 정신이 없었어요.

'나도 다른 새들처럼 아름답게 꾸며서 새들의 왕이 되고 싶은데. 옳지!'

갈까마귀는 다른 새들이 떨어뜨린 깃털을 주워 자기 몸에 꽂기 시작했어요.

"앗, 내가 이렇게 예뻐지다니!"

시냇물에 비친 자기 모습을 바라보던 갈까마귀는 갑자기 날아갈 듯 기뻤어요.

마침내 하느님이 말한 일주일이 지났어요. 갈까마귀는 자신만만한 표정으로
대회장으로 들어갔어요.

하느님은 처음 보는 예쁜 깃털을 가진 갈까마귀를 새들의 왕으로 뽑았어요.

그러자 그때 새들 중 한 마리가 큰 소리로 외쳤어요.

"앗, 이건 내 깃털인데!"

"저건 내 깃털이야!"

그러자 새들은 하나둘 자기의 깃털을 뽑아 갔어요.

"아아, 내가 잠깐 착각을 했었구나!"

다시 제 모습으로 돌아온 갈까마귀는 울면서 숲 속으로 도망쳤어요.

『이솝우화』 '허영심 많은 갈까마귀'

헛된 허영심에 빠져 우쭐하다가 큰 코 다친 갈까마귀 이야기예요. 혹시 내가 가진 예쁘고 멋진 외모, 또는 비싼 옷과 신발을 친구들 앞에서 뽐내 본 적이 있나요? 멋진 외모에 비싼 옷을 입었다고 해서 좋은 사람이 되는 건 아니지요. 내가 가진 것에 감사하고 겸손할 줄 아는 사람이 바로 좋은 사람입니다.

고사성어 하나 더

침소봉대 針 바늘 침 小 작을 소 棒 막대 봉 大 큰 대

작은 바늘과 큰 몽둥이라는 뜻으로, 작은 것을 크게 부풀려서 말하는, 이른바 허세 부리고 허풍 떠는 사람을 비유할 때 사용하는 말.

벼룩 한 마리가 살금살금 기어 다니다가 덩치가 산처럼 큰 장군을 보았어요.

'헤헤, 장군을 놀려 줘야지!'

벼룩은 장군의 옷 속으로 슬금슬금 기어가 등을 콕 깨물었어요.

"어이쿠, 따가워라!"

장군은 커다란 손으로 벼룩에게 물린 데를 벅벅 긁었어요.

"덩치 큰 장군도 별거 아니네. 나처럼 작은 벌레한테 물리고서 쩔쩔매다니!"

벼룩은 구석진 데 숨어서 한참을 웃었어요. 그러고는 장군 등을 여기 콕, 저기 콕콕 깨물었어요.

"아이쿠, 이거야 따가워서 견딜 수가 있나!"

참다못한 장군은 갑자기 옷을 훌렁 벗고 꼼꼼하게 벼룩을 찾기 시작했어요.

"옳지, 찾았다! 네 이놈, 좁쌀만 한 놈이 감히 나를 물어?"

"으악, 살려 주세요, 장군님은 덩치도 크고 힘도 세시잖아요. 하지만 저는 덩치도 작고 힘도 약하답니다. 그러니 제발 불쌍한 저를 살려 주세요, 네?"

벼룩은 싹싹 빌며 애걸복걸했어요.

"그렇게 잘 아는 놈이 겁도 없이 나를 깔봤단 말이지?"

장군은 들은 척도 않고 손톱으로 벼룩을 꾹 눌렀어요.

제 분수도 모르고 이리저리 날뛰던 벼룩은 그만 안타깝게도 죽고 말았어요.

『이솝우화』 '벼룩과 장군'

상대가 누군지도 모른 채 벼룩처럼 괜히 이리저리 날뛰다간 큰일 나지요. '적을 알고 나를 알면 백전백승'이라는 말이 있어요. 누군가와 겨룰 때는 상대를 잘 알아야 싸움에서 이길 수 있다는 뜻이에요. 벼룩처럼 상대도 되지 않으면서 감히 적을 얕잡아 보면 백 번 싸워도 백 번 다 지게 되어 있답니다.

고사성어 하나 더

당랑거철 螳 사마귀 당 螂 사마귀 랑 拒 막을 거 轍 바퀴 자국 철

사마귀가 앞발을 들고 수레바퀴를 가로막는다는 뜻으로, 자기 분수도 모르고 무모하게 상대가 되지 않는 사람이나 사물과 대적한다는 의미.

경거망동

輕 가벼울 경 **擧** 들 거 **妄** 망령될 망 **動** 움직일 동

가볍고 망령되게 행동한다는 뜻으로, 경솔하고 조심성 없이
행동한다는 의미.

아주 사나운 개 한 마리가 있었어요. 그저 아무나 보고 으르렁거리며 물려고 야단이었어요. 주인은 개의 목에 굵은 목걸이를 채우고 쇠사슬에 묶어서 키웠어요.

그러던 어느 날 사나운 개가 어찌나 몸부림을 쳤는지 그만 쇠사슬이 풀리고 말았어요.

"나는 이렇게 굵은 목걸이를 달았어요!"

사나운 개는 이때다 하고는 사람들이 많은 거리며 광장 한복판을 마구 뛰어다녔어요.

사람들은 굵은 목걸이를 한 사나운 개를 보고 흠칫 놀라 몸을 피했어요.

"으흠, 사람들이 내가 구경을 더 잘하도록 자리를 비켜 주는군."

사나운 개는 자신의 굵은 목걸이가 너무나 자랑스러웠어요. 사나운 개는 점점 더 우쭐해졌답니다.

그때 늙은 개 한 마리가 어슬렁거리며 다가와 말했어요.

"여보게, 자네의 그 굵은 목걸이는 무슨 공을 세우고 받은 훈장이 아니라, 자네가 얼마나 사납고 무서운지 표시를 한 거라네. 그러니 잘난 척 그만하고 정신 좀 차리게나."

사나운 개는 그제야 꼬리를 내린 채 달아났어요.

『이솝우화』 '사나운 개'

　사나운 개처럼 자기 주제도 모르고 잘났다고 우쭐거리는 사람은 친구들에게 조롱받기 십상이랍니다. 언제 어디서나 자기의 처지와 분수에 맞게 행동하는 사람이야말로 다른 사람들의 존경과 신뢰를 받을 수 있답니다.

고사성어 하나 더

방약무인 傍 곁 방　若 같을 약　無 없을 무　人 사람 인

곁에 아무도 없는 것처럼 여긴다는 뜻으로, 어려워하거나 삼가는 태도가 없이 무례하고 건방지게 행동한다는 의미.

噬臍莫及

噬 씹을 서 臍 배꼽 제 莫 없을 막 及 미칠 급

배꼽을 물려고 해도 입이 미치지 않는다는 뜻으로,
기회를 잃고 난 뒤에는 아무리 후회해도 소용이 없다는 의미.

어느 조용한 시골 마을에 한 처녀가 살고 있었어요. 처녀는 날마다 젖소를 키우며 우유를 짰어요.

어느 날 처녀가 갓 짠 고소하고 맛있는 우유 한 통을 이고 시장으로 가던 길이었어요.

'이 우유를 팔아서 달걀을 사야지.'

처녀는 길을 걸으며 속으로 중얼거렸어요.

'그래, 달걀을 한 300개쯤 사면 그중에서 상한 걸 뺀다고 해도 병아리가 250마리쯤은 나오겠지. 흐흐, 그 병아리들을 잘 키워서 암탉이 되면 또 달걀을 낳을 테고, 그 달걀을 깨고 병아리가 나올 테고, 아, 그럼 나는 점점 부자가 될 거야!'

처녀는 생각만 해도 좋아서 점점 즐거운 생각에 빠져들었어요.

'튼실하게 자란 암탉들을 시장에 나가 팔아서 예쁜 옷과 모자를 사야지. 그리고 파티에 가면 나한테 반한 청년들이 서로 춤을 추자고 할 거야. 하지만 아무하고나 춤을 추진 않을 거야. 내가 좋아하는 진짜 멋진 청년이 나타날 때까지 기다릴 거야.'

처녀는 즐거운 상상의 나래를 펴며 춤추듯 살랑살랑 걸었어요.

그때였어요.

"엄마야앗!"

처녀는 그만 앞에 있는 돌멩이를 보지 못한 채 앞으로 고꾸라졌어요. 그 바람에 머리에 이고 있던 우유 통이 털썩 떨어져서는 우유가 죄다 좌르르 쏟아지고 말았어요.

"어머머, 이 일을 어쩌면 좋아! 이젠 아무것도 살 수 없어!"

처녀는 발을 동동 구르며 울상을 지었어요.

『이솝우화』 '시골 처녀와 우유 통'

정말 안타까운 시골 처녀의 이야기예요. 괜히 헛된 망상에 빠져 있다가 머리에 이고 있던 아까운 우유마저 다 쏟아 버렸으니 말이에요. 그래요, 우리는 더 좋은 걸 얻기 위해서는 무엇보다 정신 바짝 차리고 지금 자기가 하는 일에 최선을 다해야 해요. 헛된 생각에 빠져 있다가 되레 소중한 걸 잃어버릴지 모르니까요.

고사성어 하나 더

후회막급 後 뒤 후 悔 뉘우칠 회 莫 없을 막 及 미칠 급

이미 잘못된 것을 뒤늦게 뉘우쳐도 다시 어찌할 수가 없다는 말.

마이동풍

馬 말 마 **耳** 귀 이 **東** 동녘 동 **風** 바람 풍

말의 귀에 동풍이라는 뜻으로, 남의 비평이나 의견을
조금도 귀담아듣지 아니하고 흘려버린다는 의미.

타우라스 산에 살고 있는 독수리들은 두루미 먹이를 제일 좋아했어요.

"음, 이맘때쯤이면 두루미들이 지나갈 텐데…… 옳지, 이때다!"

독수리들은 타우라스 산을 넘어가는 두루미들을 기다렸다가 쏜살같이 달려가
두루미를 낚아챘어요. 두루미들은 하도 시끄럽게 떠드는 걸 좋아해서 독수리들
은 멀리서도 두루미가 오는 걸 알 수 있었거든요.

타우라스 산을 넘어갈 때면 나이 든 두루미들은 늘 젊은 두루미들에게 신신
당부했답니다.

"저 산에는 우리를 기다리는 독수리가 있단다. 그러니 입을 꼭 다물고 있어야
한다."

늙은 두루미들은 아예 입에다 돌을 문 채 소리를 내지 않고 날아갔어요.

하지만 젊은 두루미들은 그런 말을 귓등으로 흘려듣곤 했어요.

"아휴, 무거운 돌을 입에 물다니요. 그냥 입을 꼭 다물고 갈게요."

젊은 두루미들은 어른들이 아무리 말해도 듣지 않았어요.

"우아, 저기 좀 봐! 경치가 정말 아름답다!"

"맛있는 먹이도 많이 있겠지?"

젊은 두루미들은 어른 두루미들이 한 말을 까맣게 잊은 채 떠들어 댔어요.

그러다 결국 독수리 밥이 되고 말았답니다.

『탈무드』'시끄러운 두루미'

젊은 두루미들은 어른 두루미들이 잘 일러 주었지만 주의 깊게 듣지 않아서 결국 독수리한테 당하고 말았어요. 그러니 늘 어른들의 충고에 귀를 기울여야 해요! 만약 제멋대로 하려는 친구가 있다면 잘 설득해서 옳은 길로 가도록 도와준다면 더 좋은 일이고요.

傍 곁 방 若 같을 약 無 없을 무 人 사람 인

곁에 아무도 없는 것처럼 여긴다는 뜻으로, 주위의 다른 사람을
전혀 의식하지 않은 채 제멋대로 마구 행동한다는 의미.

보람이는 언제 어디서나 제 맘에 안 들면 마구 떼를 쓰곤 해요.

백화점이나 대형 마트에 가기만 하면 장난감을 사 달라고 졸라 대고요. 만약 엄마, 아빠가 장난감을 사 주지 않으면 사람들이 보건 말건 바닥에 주저앉아 마구 발버둥을 치기 일쑤예요.

그뿐이 아니에요. 아파트 벽이나 엘리베이터에다 크레파스로 마구 낙서를 하고요, 사탕이나 과자 껍질도 아무 데나 마구 버렸어요.

"네, 이 녀석. 어서 쓰레기통에 버리지 못하겠니?"

어른들이 타일러도 혀를 쏙 내민 채 되레 약을 올렸답니다.

"쯧쯧, 저렇게 버릇없는 아이는 처음 보는군!"

아파트 주민들은 보람이만 보면 혀를 끌끌 찼어요.

그러던 어느 날 호랑이 할아버지가 이사를 오셨어요.

할아버지는 보람이가 버릇없이 굴 때마다 무서운 얼굴로 야단을 쳤어요.

그러자 보람이는 슬금슬금 할아버지 눈치를 보더니 조금씩 달라지기 시작했어요.

"허허, 저 녀석이 이제야 철이 드는 모양이군!"

보람이만 보면 눈살을 찌푸리던 어른들도 그제야 웃었답니다.

〈창작동화〉 '보람이가 달라졌어요'

남과 어울려 살아가려면 늘 질서를 지키고 행동을 올바르게 해야 해요. 보람이처럼 뭐든지 제멋대로 해서는 절대 안 돼요! 무서운 어른이 야단치시기 전에 나는 우리 동네에서, 우리 학교에서 어떤 아이인지 잘 생각해 보세요.

고사성어 하나 더

방벽사치 放 방자할 방 辟 물리칠 벽 邪 간사할 사 侈 사치할 치

아무 거리낌 없이 제멋대로 행동한다는 뜻.

호사다마

好 좋을 호 **事** 일 사 **多** 많을 다 **魔** 마귀 마

좋은 일에는 탈이 많다는 뜻으로, 좋은 일이 생기면 흔히 시샘하는 듯이
안 좋은 일들이 많이 따른다는 의미.

"우아, 우리 정아 참 잘했구나!"

엄마가 마구 칭찬을 해 주었어요. 이번 피아노 경연 대회에서 정아가 1등을 했
거든요. 다른 학교에서 온 아이들을 모두 제치고 탄 상장이었어요.

"엄마, 나, 자전거 타고 올게요!"

정아는 잔뜩 들뜬 얼굴로 자전거를 타고 아파트 둘레를 씽씽 달렸어요.

'내일 학교에 가서 아이들한테 피아노 대회에서 1등 했다고 자랑해야지!'

정아는 생각만 해도 신이 난다는 듯 속으로 중얼거렸어요.

그때였어요. 딴생각을 하던 정아는 갑자기 저쪽에서 달려오는 오토바이를 급
하게 피하려다가 그만 꽈당 넘어지고 말았어요.

"꼬마야, 안 다쳤니, 응?"

오토바이에 탔던 아저씨가 달려와 정아를 일으켜 주었어요. 하지만 넘어지면
서 긁히는 바람에 오른쪽 종아리에 피가 났어요.

"앙앙, 난 몰라. 어쩌면 좋아."

정아는 아픈 다리를 질질 끌며 집으로 갔어요.

"좋은 일 뒤에는 조심해야 될 일이 생긴다더니 큰일 날 뻔했구나!"

엄마는 소독약을 발라 주며 정아를 달래 주었어요.

<창작동화> '정아의 하루'

　좋은 일이 있으면 자기도 모르게 마음이 잔뜩 들뜨고 설레곤 해요. 그러다가 괜히 덤벙덤벙거리게 되고 '두부 먹다가 이 빠진다'는 말처럼 늘 쉽게 하던 일에서도 실수를 할 때가 있어요. 그러니 아무리 좋은 일이 있어도 늘 조심하는 마음을 가져야 해요.

'고사성어'의 출처 배움터

책 더 알기

⇨ 이솝우화

고대 그리스의 작가 이솝이 쓴 책이에요. 성서 다음으로 세상에서 가장 많이 읽히는 책으로 알려져 있지요. 사람이 아닌 동식물을 주인공으로 하고 있지만 그들의 행동 속에서 사람들의 다양한 모습들을 발견할 수 있어요. 『이솝우화』를 통해 우리는 삶의 지혜와 깊은 깨달음을 얻을 수 있답니다.

⇨ 탈무드

유대인 학자들이 쓴 책으로, 조상 대대로 내려오는 지혜와 정신적인 문화를 이야기로 꾸며서 엮은 책이에요. 『탈무드』는 내용도 많고 담겨 있는 의미도 깊어서 완벽하게 이해하기 힘들다고 해요. 모든 분야의 지혜가 고루 담겨 있기 때문이지요. 유대인들의 지혜롭고 강인한 정신력은 바로 이 『탈무드』의 가르침 덕분이랍니다.

02

꿈을 이루기 위해
꼭 알아야 할 고사성어

改 고칠 개 過 지날 과 遷 옮길 천 善 착할 선

지난날의 잘못을 뉘우치고 바르고 착하게 된다는 뜻.

옛날 어느 마을에 게으름뱅이 한 사람이 살고 있었어요. 그저 날마다 빈둥빈둥 노는 게 일이었어요. 보다 못한 아내가 매일 잔소리를 퍼부었어요.

게으름뱅이는 아내의 잔소리가 듣기 싫어 그만 휭 집을 나가 버렸어요.

한참을 걸어가자 어떤 한 노인이 보였어요. 그 노인은 온 정성을 다해 나무를 깎아 소 머리 탈을 만들고 있었어요.

"그게 무슨 탈이오?"

"이건 일하기 싫은 사람이 쓰면 아주 좋은 일이 생기는 탈이오. 한번 써 보려오?"

노인은 대뜸 게으름뱅이 머리에다 소 머리 탈을 뒤집어 씌우고 깔고 앉아 있던 쇠가죽까지 몸에다 턱 걸쳐 주었어요. 그러자 게으름뱅이는 눈 깜짝 할 사이에 소가 되고 말았어요. 아무리 말을 해도 음머, 음머 소리만 났지요.

노인은 시치미를 뚝 떼고는 소가 된 게으름뱅이를 몰고 시장으로 갔어요.

마침 한 농부가 이 소를 사려 하자 노인은 단단히 일러 주었어요.

"이 소는 무를 먹으면 곧 죽으니 절대 무 밭에는 끌고 가지 마시오."

농부는 별 이상한 소도 다 있다며 집으로 끌고 가서는 그날부터 쟁기질을 시키고 곡식을 나르게 하는 등 무섭게 일을 시켰어요.

"에고, 이렇게 힘들게 살 바에는 차라리 죽어 버리자!"

소가 된 게으름뱅이는 주인이 한눈을 파는 사이에 냅다 무 밭으로 달려가 무

를 마구 뽑아서 먹었어요. 그랬더니 웬걸, 몸이 근질근질해지더니 소 머리 탈에다 쇠가죽을 덮어쓴 사람의 모습으로 돌아간 거예요.

"아이고, 이제 살았구나, 살았어!"

게으름뱅이는 걸음아 날 살려라 하고는 집으로 달려갔어요.

물론 그 후 아내를 도와 논 갈고 밭 갈며 죽어라 열심히 일을 했답니다.

<우리나라 옛이야기> '소가 된 게으름뱅이'

게으름뱅이들이 읽으면 저절로 속이 뜨끔해지는 전래동화예요. 우리는 늘 '개미와 베짱이'에 나오는 베짱이처럼 놀고먹으며 편하게 사는 걸 좋아해요. 하지만 행복은 저절로 얻어지는 게 아니랍니다. 개미처럼 땀 흘려 열심히 일할 때 선물처럼 찾아오는 거지요. 아무리 놀고 싶은 마음이 굴뚝같아도, 우선 자기가 할 일을 향해 뚜벅뚜벅 성실하게 걸어가야만 해요.

고사성어 하나 더

분골쇄신 粉 가루 분 骨 뼈 골 碎 부술 쇄 身 몸 신

뼈를 빻고 몸을 부순다는 뜻으로, 지극한 정성으로 있는 힘을 다해 노력한다는 의미.

무위도식

無 없을 무 爲 할 위 徒 다만 도 食 먹을 식

일하지 않고 단지 빈둥빈둥 놀고먹기만 한다는 뜻.

햇볕이 쨍쨍 내리쬐는 무더운 여름, 개미들은 부지런히 먹이를 날랐어요.

시원한 나무 그늘에서 노래를 부르던 베짱이가 그 모습을 보며 비웃었답니다.

"얘들아, 날도 더운데 나처럼 노래나 부르며 놀지 그러니?"

"무슨 소리! 아무리 덥고 힘들지만 지금 먹이를 모아 두어야 해. 그래야 추운 겨울에도 끄떡없이 지낼 수 있단다. 그러니 너도 어서 와서 일을 하렴."

개미가 걱정스레 말했어요.

"하하하, 아직 겨울이 오려면 멀었는걸. 난 땀 흘리는 건 딱 질색이야."

베짱이는 들은 척도 않고 여름 내내 놀기만 했어요.

어느덧 추운 겨울이 왔어요. 개미들은 따스한 집에서 여름 내내 모아 둔 양식을 먹으며 행복한 나날을 보냈어요. 하지만 베짱이는 곳간이 텅텅 비고 배는 점점 더 고파 왔지요.

참다못한 베짱이는 눈보라가 사납게 치는 어느 날 개미네 집을 찾아갔어요.

"개미야, 미안하지만 내게 먹을 걸 좀 주렴."

"어머, 베짱이야, 어서 들어오렴. 지금 막 저녁을 먹으려던 참이었단다."

개미들은 베짱이를 따스하게 맞아 주었어요.

"흐흑, 개미들아, 고마워, 정말 고마워……."

베짱이는 한참 동안 눈물을 흘렸어요.

『이솝우화』 '개미와 베짱이'

우리 주변에도 개미처럼 평소에 늘 열심히 일하는 사람이 있는가 하면, 베짱이처럼 날마다 빈둥빈둥 놀기만 하는 사람이 있어요. 베짱이처럼 남의 신세를 지지 않으려면 지금부터 열심히 땀 흘려 일하는 사람이 되어야 해요. 언제 위험한 순간이 닥칠지 모르니까 미리미리 준비하는 자세가 필요하답니다.

일확천금

一 한일 攫 움킬확 千 일천천 金 쇠금

단 한 번에 천금을 움켜쥔다는 뜻으로, 힘들이지 않고
단번에 많은 재물을 얻었을 때를 이르는 말.

옛날 어느 고을에 큰 부자가 살았어요.

어느 날 한 장사꾼이 찾아와 금덩이 한 개를 맡기고 돈 삼천 냥을 꿔 갔어요.
시장에 내다 팔면 만 냥도 더 나가는 아주 큰 금덩이였어요.

며칠 후 금광을 하는 조카가 부자의 집에 들렀다가 금덩이를 보더니 놀라 소
리쳤어요.

"이건 돌덩이에 금을 입힌 가짜 금덩어리예요!"

"아이고, 아까운 내 돈 삼천 냥을 어디 가서 찾을꼬!"

장사꾼에게 속은 부자는 그만 그 길로 끙끙 앓아누웠어요.

그러자 이제 겨우 열 살 난 아들이 말했답니다.

"아버지, 너무 걱정 마세요. 제게 삼천 냥에다 이자까지 받아 낼 꾀가 있답니
다."

부자는 아들이 시키는 대로 사람들이 많이 모이는 곳으로 가서는 마구 떠벌렸
어요.

"아, 어떤 사람이 금덩이를 맡기고 돈 삼천 냥을 꾸어 갔는데 내가 그만 그걸
잃어버렸지 뭐요. 금덩이 주인이 와서 그걸 찾으면 내가 무슨 수로 그걸 물어 주
겠소, 아이고!"

그 일이 있고 며칠 뒤 마침내 기다리던 장사꾼이 나타났어요. 그러고는 기세
등등하게 말했어요.

"여기 빌려 간 삼천 냥에다 이자까지 보태서 가져왔으니 어서 금덩이를 내주십시오."

"아무렴 돌려 드리고 말고요!"

부자는 의기양양한 얼굴로 장롱에서 장사꾼이 맡긴 금덩이를 떡 내놓았어요.

그러자 장사꾼은 하얗게 질린 얼굴로 가짜 금덩이를 들고는 꽁지가 빠지게 도망쳤어요.

<우리나라 옛이야기> '뛰는 놈 위에 나는 놈'

터무니없는 거짓말로 떼돈을 벌려다가 돈은커녕 관아에 끌려가 곤장을 맞을 뻔한 장사꾼 이야기랍니다. 땀 흘려 일하지 않고 얕은 속임수로 남의 재물을 빼앗으려 하는 건 참으로 어리석은 짓이에요. 게다가 노력하지 않고 일확천금을 꿈꾸는 건 스스로를 불행하게 만드는 일이지요. 무언가 바라는 게 있다면 그걸 얻기 위해 한 걸음, 한 걸음 노력해야 해요.

고사성어 하나 더

불로소득 不 아니 불 勞 일할 로 所 바 소 得 얻을 득

노동에 직접 종사하지 않고 얻은 이익이라는 뜻.

자승자박

自 스스로 자 繩 노끈 승 自 스스로 자 縛 얽을 박

자기의 줄로 자기를 묶는다는 뜻으로, 자기가 주장한 의견이나
행동으로 인해 난처한 처지에 놓이게 되었다는 의미.

어느 마을에 황금 알을 낳는 암탉이 있었어요.

암탉은 하루에 한 개씩 꼬박꼬박 황금 알을 낳았어요.

"하하하, 이제 나는 부자가 되었구나!"

가난한 농부는 덩실덩실 춤을 추었어요. 그러곤 황금 알을 팔아 집도 사고 논
도 사고 밭도 사고 떵떵거리며 살았어요.

그런데 하루는 대청마루에 누워 암탉을 바라보던 농부가 벌떡 일어나 앉아 생
각했어요.

'옳지! 저 암탉의 배 속에 황금 알이 가득 들어 있을 게 아닌가? 괜히 감질나
게* 하루에 한 개씩 낳는 걸 기다릴 게 아니라 한꺼번에 꺼내면 더 큰 부자가 되
겠지?'

농부는 다급하게 암탉을 잡아서는 배를 갈랐어요.

그러나 웬걸, 황금 알이 가득 들어있을 줄 알았던 배 속에 황금 알은 한 개도
보이지 않았어요.

"아이고, 이를 어쩌나, 이를 어째!"

농부는 죽은 암탉을 껴안은 채 땅을 치며 울었답니다.

『이솝우화』 '황금을 낳는 암탉'

*감질나다: 바라는 정도에 못 미쳐서 애가 타다.

이 세상에는 욕심쟁이들이 참 많아요. 더 멋진 옷을 입었으면, 더 큰 집에 살 았으면, 더 큰 자동차를 탔으면……. 그렇게 한없이 욕심을 부리다 보면 자기도 모르게 판단력이 흐려지게 되지요. 암탉의 배를 가른 농부처럼 후회하지 않으려 면 즉, 무언가를 이루기 위해서는 참고 기다릴 줄 알아야 해요.

고사성어 하나 더

과유불급 過 지나칠 과 猶 오히려 유 不 아니 불 及 미칠 급

정도를 지나침은 미치지 못하는 것과 같다는 뜻으로, 지나치지도 않고 부족하지도 않은 적절한 상태가 가장 좋다는 의미.

沙 모래사 上 윗상 樓 다락누 閣 집각

모래 위에 세운 누각이라는 뜻으로, 기초가 튼튼하지 못하여
오래가지 못할 일이나 사물을 비유적으로 이르는 말.

정우와 보람이는 미술 숙제를 하기로 했어요. 조립식 집을 만드는 거였지요.

"헤헤, 난 3층짜리 집을 지어야지!"

"난 우주선 모양으로 된 집을 지을 테야!"

꼼꼼하고 차분한 정우는 먼저 자기가 지을 집을 그림으로 그렸어요. 하지만 성격이 급한 보람이는 먼저 수수깡을 마구 자르기 시작했어요.

"보람아, 집을 지으려면 나처럼 먼저 설계도를 그려야 해."

"그런 거 필요 없어. 내 머릿속에 다 들어 있는 걸 뭐."

정우가 말렸지만 보람이는 들은 척도 않고 수수깡으로 얼기설기 기둥을 세우고 마분지를 잘라 우주선처럼 둥근 집을 지었어요.

하지만 보람이가 만들던 우주선 집은 기우뚱거리더니 이내 무너졌어요.

보람이는 울상을 지었어요.

"괜찮아, 내가 도와줄게, 다시 만들자."

정우는 보람이를 도와 설계도를 그린 후 수수깡이랑 마분지로 튼튼한 집을 짓기 시작했어요.

"우아, 진짜 우주선 집이야! 정우야, 고마워!"

보람이는 튼튼하게 지어진 집을 보며 활짝 웃었어요. 다음부터는 무슨 일을 하든지 기초부터 단단히 해야지, 속으로 다짐하면서 말이에요.

〈창작동화〉 '친구야, 고마워!'

모든 일에는 기초가 아주 중요해요. 집을 지을 때도 먼저 설계도를 그린 다음 주춧돌을 놓고 대들보를 세워야 하는 것처럼요. 그런데 급한 마음에 순서를 뒤죽박죽 하다 보면 제대로 된 집을 지을 수 없어요. 꿈을 이루기 위해서도 마찬가지랍니다. 늘 기초를 탄탄히 해야 더 큰 성공을 이룰 수 있답니다.

고사성어 하나 더

누란지세 累 포갤 누 卵 알 란 之 어조사 지 勢 형세 세

포개어 놓은 알의 모습이라는 뜻으로, 달걀을 쌓아 놓은 것같이 매우 위태로운 상황을 이르는 말.

龍용용 頭머리두 蛇뱀사 尾꼬리미

머리는 용이고 꼬리는 뱀이라는 뜻으로, 시작은 그럴 듯했지만
끝이 흐지부지하다는 말.

여름 방학이 시작되자 나래는 책상 앞에 앉아 생활 계획표를 짰어요.

"아침 7시에 일어나서 먼저 그동안 읽고 싶었던 책을 읽어야지. 그다음에 아침 밥을 먹고 미술 학원에 갔다가, 점심 먹고 수학 공부를 하고, 3시엔 수영장에 가서 수영을 배우고. 참 수영이 끝나면 집에 와서 영어 공부도 하고."

나래는 생각만 해도 뿌듯했어요.

"호호, 우리 나래 2학년이 되더니 철들었구나. 좋아, 계획표대로 열심히 해 보렴."

엄마는 책상 앞에 붙여 놓은 나래의 생활 계획표를 보며 흐뭇해했어요.

그런데 일주일쯤 지나자 나래는 슬슬 꾀가 났어요.

"에이, 하루쯤 노는 건 괜찮겠지, 뭐."

나래는 컴퓨터 앞에 앉아 신나게 게임을 했어요. 그러다 보니 수영장에 갈 시간마저 놓치고 말았어요.

다음 날도 날씨가 더워지자 아무것도 하기 싫었어요. 책을 읽기는커녕 빈둥빈둥 놀고 인형놀이를 하느라 시간 가는 줄 몰랐어요.

그러는 사이 시간은 후딱후딱 지나 개학이 내일모레로 다가왔어요.

"아니, 나래야, 여태 방학 숙제도 다 못 했단 말이야? 일기도 이렇게 많이 밀리고?"

엄마가 어이가 없다는 듯 야단을 쳤어요.

"그, 그게……."

나래는 자기도 모르게 고개를 푹 숙였어요.

<창작동화> '자꾸만 놀고 싶어!'

무슨 일을 할 때 나래처럼 계획만 거창하게 세우는 것보다 자기가 할 수 있는 만큼만 해야 해요. 그래야 부담 없이 즐거운 마음으로 해낼 수 있답니다. 지나치게 많은 것보다 하루에 한 가지씩, 한 달에 한 개씩이라도 실천해 나가는 게 중요하지요.

고사성어 하나 더

반상낙하 半 반 반 上 윗 상 落 떨어질 낙 下 아래 하

반쯤 올라가다가 아래로 떨어진다는 뜻으로, 처음에는 열심히 하다가 중도에 그만두어 이루지 못함을 이르는 말.

우유부단

優 넉넉할 **우** **柔** 부드러울 **유** **不** 아니 **부** **斷** 끊을 **단**

너무 부드러워 맺고 끊지를 못한다는 뜻으로,
어물거리며 망설이기만 하고 결단력이 없음을 가리키는 말.

독일의 철학자 임마누엘 칸트는 매우 머리가 뛰어나고 신중한 사람이었어요.

하지만 딱 한 가지, 무슨 일이든지 쉽게 결단을 내리지 못하는 성격을 가지고 있었어요.

젊은 시절 칸트가 아름다운 여인과 사귀고 있을 때였어요.

아무리 기다려도 칸트가 청혼을 하지 않자, 여인이 먼저 말을 꺼냈어요.

"저와 결혼해 주세요."

"한번 생각해 보겠습니다."

칸트는 그날부터 결혼에 대한 연구를 시작했어요.

도서관에 가서 결혼에 관한 자료도 찾아보고, 다른 사람들의 글을 읽으며 연구에 몰두했어요. 그러다가 마침내 칸트는 그 여인과 결혼하기로 마음먹고는 여인의 집으로 찾아갔어요.

하지만 여인은 없었어요. 여인의 아버지가 칸트에게 말했답니다.

"너무 늦었소. 내 딸은 이미 세 아이의 어머니가 됐다오."

"아, 내가 너무 생각이 많았구나!"

칸트는 뒤늦은 후회를 했지만 이미 소용이 없었어요.

<인물 이야기> '임마누엘 칸트'

칸트처럼 뭐든지 신중하게 생각하는 건 좋지만 결단을 내리지 못하고 지나치게 우물쭈물하다간 자기가 원하는 걸 얻을 수 없지요. 가장 결정적인 순간에 현명하게 결단을 내릴 수 있다면 후회하는 일은 생기지 않을 거예요.

고사성어 하나 더

복지부동 伏 엎드릴 복　地 땅 지　不 아니 부　動 움직일 동

땅에 엎드려 움직이지 않는다는 뜻으로, 마땅히 해야 할 일을 하지 않고 주어진 상황에서 몸을 사리는 것을 비유적으로 이르는 말.

칠전팔기

七 일곱 칠 顚 엎드러질 전 八 여덟 팔 起 일어날 기

일곱 번 넘어지고 여덟 번 일어난다는 뜻으로, 여러 번 실패하여도
굴하지 않고 꾸준히 노력하는 사람이나 그 모습을 일컫는 말.

월트 디즈니는 〈미키 마우스〉로 유명한 미국의 애니메이션 작가이자, 수많은 만화 영화를 만든 사람이에요.

'나도 이다음에 커서 만화가가 되어야지!'

집안 사정이 어려웠던 디즈니는 신문 배달을 하며 매일 아침 신문에 실린 네 칸짜리 만화를 보는 게 가장 큰 즐거움이었어요.

그 후 디즈니는 친구와 함께 〈금발 미녀와 곰 세 마리〉라는 만화 영화를 만들었어요. 하지만 보급 회사가 망하는 바람에 상영도 하지 못했어요.

디즈니는 이후에 어린이들의 양치질을 도와주는 만화 영화를 만들어서 받은 500달러로 할리우드에 갔지만 이번에도 실패를 하고 말았어요.

그러던 어느 날, 안타까운 마음으로 혼자 시골길을 걷던 디즈니가 허름한 창고에서 쉬고 있을 때였어요. 디즈니는 생쥐들이 창고 안을 들락날락하는 걸 보며 무릎을 탁 쳤어요.

"옳지, 바로 저거다!"

디즈니는 그날부터 스튜디오에 생쥐를 키우며 〈미키 마우스〉 시리즈를 만들기 시작했어요.

"와아, 재미있다!"

전 세계 어린이들은 디즈니의 〈미키 마우스〉를 보며 열광했어요.

〈인물 이야기〉 '월트 디즈니'

    만약 디즈니가 좌절과 실패 때문에 꿈을 포기했다면 어떻게 되었을까요? 동화의 나라인 '디즈니랜드'는 물론이고 〈피노키오〉, 〈신데렐라〉, 〈피터 팬〉 같은 감동적인 만화 영화를 우리는 만나지 못했을 거예요. 어려움이 닥쳐도 뜻을 이루기 위해서는 디즈니처럼 끝까지 자기가 하고 싶은 일에 매달려야만 해요.

以 써이 人 사람인 爲 할위 鏡 거울경

사람이 한 일을 거울로 삼는다는 뜻으로, 훌륭한 품행을 지닌 사람을 본받는다는 의미.

마젤란은 마르코 폴로가 쓴 『동방견문록』과 콜럼버스에 대한 책을 읽으며 탐험가의 꿈을 키워 갔어요.

어느 날 마젤란은 에스파냐 카를로스 1세에게 인도의 몰루카 제도로 가는 뱃길을 열어 보겠다고 말했어요. 몰루카 제도는 귀한 향료가 많이 나는 곳이었어요.

"콜럼버스가 열어 놓은 대서양을 지나 계속 가다 보면 몰루카 제도에 도착할 것입니다."

마침내 마젤란은 원정대의 사령관이 되어 다섯 척의 배에 여러 나라에서 온 선원 265명을 나눠 싣고는 항해를 떠났어요. 하지만 항해하는 동안 많은 어려움이 있었어요. 원주민의 습격을 받기도 하고, 긴 항해를 견디지 못한 선원들이 반란을 일으켰고, 항해를 포기하고 에스파냐로 돌아간 배도 있었지요.

그 후 마젤란이 필리핀 세부 섬에 들렀을 때였어요. 마젤란은 추장의 부탁으로 막탄 섬을 공격하였다가 그만 원주민이 쏜 독화살과 창에 맞아 안타까운 죽음을 맞이했어요.

원정대는 새로운 총사령관과 함께 마침내 몰루카 제도에 도착했어요. 그리고 향료를 가득 싣고는 3년 만에 간신히 에스파냐로 돌아왔지요. 하지만 다섯 척의 배 가운데 돌아온 것은 빅토리아 호 단 한 척뿐이었고 살아 돌아온 선원은 겨우 18명뿐이었어요.

〈인물 이야기〉'마젤란'

　마젤란은 안타깝게도 일찍 죽었지만 어릴 때부터 꿈꿔 오던 세계 일주를 한 최초의 탐험가로 그 이름이 남게 되었어요. 마젤란이 발견한 해협에는 '마젤란 해협'이라는 이름이 붙어 있지요. 마젤란은 마르코 폴로와 콜럼버스에게 배운 지식을 바탕으로 자신의 꿈을 헤쳐 나간 용감한 사람이었어요.

고사성어 하나 더

사기종인 舍 버릴 **사** 己 몸 **기** 從 좇을 **종** 人 사람 **인**

나를 버리고 다른 사람의 뜻을 좇는다는 뜻으로, 자기의 이전 행위를 버리고 타인의 선행을 본떠 행한다는 의미.

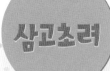

삼고초려

三 석 삼 **顧** 돌아볼 고 **草** 풀 초 **廬** 농막집 려

중국 촉한의 유비가 제갈량을 자기 인재로 쓰기 위해
그가 사는 초가집을 세 번이나 찾아갔다는 데서 유래한 말로,
인재를 맞아들이기 위해 참을성 있게 노력한다는 의미.

의형제를 맺은 유비와 관우, 장비는 한나라 황실을 위해 황건적을 물리치는 데 큰 공을 세웠어요.

그 후 세 사람이 큰 뜻을 품고 군사들을 모아 세력을 키울 때였답니다.

유비는 양양 땅에 사는 제갈량이라는 사람이 지략이 뛰어나다는 걸 알고는 그를 만나러 갔어요. 하지만 유비가 온다는 걸 안 제갈량은 이미 여행을 떠나고 집에 없었어요.

며칠 후 제갈량이 돌아왔다는 소식을 들은 유비가 다시 길을 떠나려 하자 장비가 툴툴거렸어요.

"그깟 선비를 만나러 형님이 직접 가실 게 뭡니까?"

"제갈량은 이 시대의 으뜸가는 현자거늘, 어찌 직접 찾아가지 않고 감히 불러들일 수 있단 말이냐?"

유비는 꾸짖으며 다시 제갈량을 찾아갔어요. 하지만 이번에도 제갈량은 집에 없고 동생 제갈균만 있었어요. 유비는 아쉬운 마음에 편지를 남기고 돌아섰어요.

"지난번에 다시 오겠다고 했는데 이거 너무 무례하지 않습니까?"

함께 갔던 관우와 장비가 불평을 터뜨렸어요.

하지만 유비는 관우와 장비가 말리는데도 단념하지 않고 다시 찾아갔어요.

마침 제갈량은 낮잠을 자고 있었어요. 잠이 깰 때까지 기다리자 드디어 제갈량이 유비를 보며 물었어요.

"누추한 소인의 집을 무슨 일로 찾아오셨습니까?"

"나에게는 지략가가 필요하오, 부디 나의 책사가 되어 주오!"

유비의 열성에 감동한 제갈량은 마침내 유비의 책사가 되었어요.

『삼국지』 '촉지 – 제갈량전'

유비는 늘 나라를 세우려는 큰 꿈을 지니고 있었어요. 그래서 뛰어난 책사인 제갈량을 얻기 위해 몇 번이나 찾아갔던 거지요. 꿈을 이루기 위해서는 때로는 인내하고 겸손해야 한다는 걸 가르쳐 주는 이야기랍니다.

고사성어 하나 더

삼고지례 三 석 삼　顧 돌아볼 고　之 어조사 지　禮 예도 례

초가집을 세 번 찾아간다는 뜻으로, 인재를 보고 진심으로 예를 갖추어 맞이하고 각별한 정성을 기울이는 것을 의미.

꿈을 이루기 위해 꼭 알아야 할 고사성어　**63**

作 지을 작 心 마음 심 三 석 삼 日 날 일

결심한 마음이 사흘을 가지 못한다는 뜻으로,
결심이 굳지 못해서 얼마 못 가 흐지부지된다는 말.

"헤헤, 김민우 뚱보!"

툭하면 반 아이들이 민우를 놀려 댔어요. 날마다 과자며 햄버거, 초콜릿, 빵을 많이 먹었더니 부쩍 몸이 뚱뚱해지고 배가 불룩 나왔거든요.

"민우야, 운동 좀 하렴. 줄넘기를 하든가, 아빠랑 뒷산에도 좀 가고!"

엄마도 폭풍 잔소리를 늘어놓았어요.

'좋아, 오늘부터 하루에 한 시간씩 줄넘기를 해야지!'

민우는 단단히 마음을 먹었어요. 하지만 줄넘기도 쉬운 게 아니었어요. 한 며칠 하는 둥 마는 둥 하다가는 그만두었어요.

'그래, 농구를 해야지.'

민우는 학교 운동장으로 달려가 농구를 했어요. 하지만 웬걸, 농구 골대에 공을 집어넣는 건 더 어려웠어요. 민우는 며칠 하는 둥 마는 둥 하다간 또 그만두고 말았지요.

"민우야, 그렇게 사흘을 못 버티고 그만두면 어떡하니? 뭐든지 꾸준히 해야지!"

엄마가 핀잔을 주었어요.

"아휴, 이제 또 무슨 운동을 하지?"

민우는 입을 쑥 내민 채 중얼거렸어요.

〈창작동화〉 '이랬다저랬다 김민우'

　새해만 되면 사람들은 수많은 계획을 세우지만 며칠이 안 되어 그만 포기하곤 해요. '낙숫물이 바위를 뚫는다'라는 말처럼 뭐든지 꾸준히, 끈기 있게 해야 원하는 걸 이룰 수 있답니다. '작심삼일'이 아니라 '작심일년' 정도만 해도 큰 성과를 거둘 수 있겠지요?

고사성어 하나 더

용두사미 龍 용 용 頭 머리 두 蛇 뱀 사 尾 꼬리 미

머리는 용이고 꼬리는 뱀이라는 뜻으로, 시작은 그럴 듯했지만 끝이 보잘것없다는 의미.

畫 그림 화 龍 용 룡 點 점 점 睛 눈동자 정

용을 그리고 마지막으로 눈동자를 그린다는 뜻으로,
무슨 일을 하는 데 가장 중요한 부분을 완성시킨다는 의미.

중국 남북조 시대, 양나라에 장승요라는 그림 그리는 사람이 살았어요. 그는 누구보다도 그림을 잘 그렸어요.

그러던 어느 날, 남경 안락사의 주지 스님이 장승요를 찾아와 사찰 벽에 용 그림을 그려 달라고 부탁했어요. 장승요는 그날부터 정성을 다해 사찰 벽에 용 그림을 그리기 시작했어요.

얼마 후, 금방이라도 하늘로 날아오를 듯한 한 쌍의 용 그림이 완성되었어요.

그때 주지 스님이 고개를 갸웃하며 물었답니다.

"어찌하여 용의 눈에 눈동자를 그려 넣지 않았는가?"

장승요가 가만히 대답했어요.

"그건 일부러 그리지 않은 것입니다. 눈동자를 그려 넣으면 정말로 용이 하늘로 올라갈 것입니다."

"뭐라? 실없는 소리 그만하고 당장 눈동자를 그려 넣게."

주지 스님은 버럭 화를 내며 장승요를 재촉했어요.

장승요는 주지 스님의 성화에 못 이겨 용의 눈 한가운데에 점을 찍었어요.

"이제야 화룡점정이군!"

주지 스님이 흐뭇해하며 그림을 보았어요. 그 순간 갑자기 우르릉 쾅쾅 천둥 번개가 치면서 벽 속에 있던 용이 꿈틀대더니 이내 하늘로 올라가 버렸어요.

『수형기』

무슨 일을 할 때 마무리가 중요해요. '화룡점정'은 마치 용이 하늘로 날아올라 갈 것처럼 완벽하게 끝맺음을 해야 한다는 뜻입니다.

'고사성어' 속 인물 배움터

인물 더 알기

⇨ 임마누엘 칸트 (1724~1804)

독일에서 말안장을 만드는 가난한 수공업자의 아들로 태어났어요. 칸트는 끝없는 연구와 철저한 시간 관리로 철학사를 통틀어 가장 위대한 철학자 중 한 사람이 되었으며 『순수이성비판』 등 여러 책을 냈답니다.

⇨ 월트 디즈니 (1901~1966)

'미키 마우스', '디즈니랜드'를 만든 미국의 애니메이션, 영화 제작자이자 감독이에요. 전 세계 수많은 어린이들의 사랑을 받는 <인어공주>, <미녀와 야수>, <알라딘>, <라이언 킹>을 만든 '월트 디즈니 스튜디오'를 세운 사람이지요.

⇨ 마젤란 (1480~1521)

포르투갈의 항해가이며 탐험가예요. 아메리카의 서쪽 항로를 개척하러 1519년 에스파냐의 세비야를 떠났다가 마젤란 해협을 발견했어요. 하지만 필리핀 세부 섬에서 원주민과 싸우다가 안타깝게 죽었어요. 남은 선원들이 항해를 계속하여 에스파냐로 돌아옴으로써 세계 최초로 세계 일주에 성공했어요.

03

리더십을
길러 주는 고사성어

안하무인

眼 눈 안 下 아래 하 無 없을 무 人 사람 인

눈 아래에 보이는 사람이 없다는 뜻으로, 방자하고 교만하여
다른 사람을 업신여긴다는 의미.

옛날 아주 교만하기 짝이 없는 왕이 있었어요.

어느 날 왕은 신하들을 거느리고 산으로 사냥을 하러 갔답니다.

"날이 왜 이렇게 더울꼬."

왕은 옷을 훌렁 벗어 놓고는 개울에서 목욕을 하였어요.

그때 지나가던 사람 하나가 왕의 옷을 훔쳐 입고 옆에 매어 둔 말에 올라탔어요. 그러자 신하들은 그 사람이 왕인 줄 알고는 공손히 절을 하며 궁전으로 데리고 갔어요.

한편 목욕을 마친 왕은 아무리 찾아도 옷이 보이지 않자, 누군가 벗어 놓고 간 누더기 옷을 입고는 궁전으로 갔어요. 문지기가 창칼로 막아서며 소리쳤답니다.

"너 같은 거지가 감히 여기가 어디라고 들어오려 하느냐!"

"무엄하다, 나는 이 나라 왕이다!"

왕은 냅다 호통을 쳤지만 문지기는 오히려 사나운 개를 마구 풀어 놓았어요.

왕은 걸음아 날 살려라 하고는 정신없이 달아났지요.

'내가 그동안 나밖에 모르고 교만해서 이런 벌을 받는 모양이구나.'

왕은 갑자기 겸손한 생각이 들었어요.

그런데 다음 날 왕이 한 신하의 집을 찾아갔을 때였어요. 왕을 알아본 신하가 버선발로 뛰어나와 왕을 궁전으로 모시고 갔어요.

궁전에서 왕인 체하던 사람이 진짜 왕에게 이렇게 말했답니다.

"나는 이 나라의 왕이 너무 교만해서 나라가 망할까 봐 하늘에서 내려온 신선이다. 이제 자신의 잘못을 깨우친 듯하니 안심하고 돌아가노라."

그 후 왕은 겸손한 마음으로 나라를 잘 다스렸어요.

〈우리나라 옛이야기〉 '교만한 왕 이야기'

아무리 지위가 높고 가진 게 많아도 늘 겸손해야 해요. 특히 한 나라를 다스리는 왕이라면 더욱 그래야 하지요. 예로부터 칭송을 받는 지도자를 보면 무엇보다 지혜롭고 겸손하며 자애로운 사람이었어요. 언제 어디서나 자기만 아는 독불장군은 결코 사랑받지 못하는 법이지요.

고사성어 하나 더

검려지기 黔 검을 검 驢 당나귀 려 之 어조사 지 技 재주 기

검주 땅에 사는 노새의 재주라는 뜻으로, 고사에 따르면 자신의 어설픈 재주만을 믿고 함부로 행동하다가 낭패를 당할 수 있다는 의미.

유비무환

有 있을 유 備 갖출 비 無 없을 무 患 근심 환

준비가 있으면 근심이 없다는 뜻으로, 미리 준비가 되어 있으면
근심이나 우환을 당하지 않는다는 의미.

이순신은 47세의 나이로 전라도 좌수영에 올랐어요.

'왜적이 언제 쳐들어올지 모르는데 조정에서는 아무런 대책도 세우지 않으니
큰일이구나.'

이순신은 있는 힘을 다해 왜적을 막을 준비를 했어요. 쇠를 모아 무기를 만들
고, 배가 항구로 함부로 들어오지 못하게 철쇄도 만들었지요.

'무엇보다 중요한 건 왜적을 막아 낼 튼튼하고 안전한 배가 있어야 한다!'

늘 궁리를 하던 이순신은 철갑선을 만들기 시작했어요.

그러던 1592년(선조 25년), 이순신이 그토록 염려하던 왜적이 15만이라는 대
군을 이끌고 쳐들어왔어요.

이순신은 거북선을 이끌고 사천 앞바다로 나가 왜적을 무너뜨렸어요. 그 후
이순신은 가는 곳마다 승전고를 울렸지요. 특히 명량 앞바다에서 단 12척의 배
로 왜군의 배 3백여 척을 무찌르고 승리한 명량해전은 아주 대단했답니다.

그러던 어느 날, 이순신이 노량 앞바다에서 도망치는 왜적의 길목을 지키고 있
을 때였어요. 안타깝게도 이순신은 왜적이 쏜 조총을 맞아 쓰러지고 말았어요.

"나를 방패로 가려라! 그리고 나의 죽음을 적에게 알리지 마라."

이순신은 마지막까지 자신보다 나라와 백성을 걱정하다가 숨을 거두었어요.

물론 그날 노량해전 역시 조선 수군의 대승리로 끝이 났답니다.

〈인물 이야기〉 '이순신'

　왜군과의 전쟁에서 승리할 수 있었던 것은 모두 왜적의 침입에 대비해 미리미리 거북선을 만든 이순신의 공로 때문이었어요. 언제나 나라와 백성을 먼저 생각한 이순신 장군의 정신은 지금까지 칭송을 받고 있답니다.

고사성어 하나 더

안불망위 安 편안할 안　不 아니 불　忘 잊을 망　危 위태할 위

편안한 가운데서도 위태함을 잊지 않는다는 뜻으로, 항상 마음을 놓지 않고 늘 스스로를 경계하면서 대비한다는 의미.

자포자기

自 스스로 자 暴 해칠 포 自 스스로 자 棄 버릴 기

자신을 스스로 해치고 버린다는 뜻으로, 절망에 빠져
자기 자신을 포기하고 돌보지 않는다는 의미.

윈스턴 처칠은 2차 세계대전 당시 영국의 총리였어요.

그즈음 영국은 독일군이 퍼부은 대공습으로 온 도시가 폐허가 되다시피 했어요. 얼마 후 연합국의 승리로 전쟁은 끝이 났지만 도시는 여전히 쑥대밭처럼 변해 있었어요.

"이제 그 옛날의 아름답고 번성했던 영국은 되찾을 수 없을 거야."

사람들은 전쟁의 상처와 슬픔으로 점점 의욕을 잃어 갔어요.

그러던 어느 날 처칠이 옥스퍼드 대학교 졸업식에 축사를 하러 갔을 때였어요. 단상에 올라간 처칠은 크게 외쳤답니다.

"Never give up!(절대로 포기하지 마십시오!)"

처칠은 잠시 숨을 고르더니 다시 또 청중을 둘러보고 힘차게 외쳤어요.

"Never, Never, Never give up!(절대로, 절대로, 절대로 포기하지 마십시오!)"

처칠에게 주어진 시간은 30분이었지만 그는 두 문장만 외치고 내려왔어요.

"와아아!"

처칠의 간결하지만 강력한 단 두 마디의 연설은 절망에 빠져 있던 사람들에게 용기를 주었답니다. 처칠의 축사에 감동을 받은 졸업생들은 그 후 사회 곳곳으로 나아가 폐허가 된 영국 재건을 위해 힘껏 일했어요.

〈인물 이야기〉 '윈스턴 처칠'

때로는 열 마디의 말보다는 짧은 한마디의 말이 사람을 더 감동시킬 때가 있어요. "절대로 포기하지 마십시오!"라는 처칠의 말은 영국 국민 모두를 감동시켰어요. 그래요, 아무리 힘든 일이 있어도 포기하지 않는 마음만 있다면 무엇이든지 헤쳐 나갈 수가 있답니다.

고사성어 하나 더

촌철살인 寸 마디 촌　鐵 쇠 철　殺 죽일 살　人 사람 인

한 치밖에 안 되는 무기로 사람을 죽인다는 뜻으로, 간단한 경구나 단어로도 사람을 감동시키거나 약점을 찌를 수 있다는 의미.

朝 아침 조 三 석 삼 暮 저물 모 四 넉 사

아침에 세 개, 저녁에 네 개라는 뜻으로, 자기의 이익을 위해
교활한 꾀를 써서 남을 속이고 놀리는 것을 이름.

중국 송나라에 원숭이를 유난히 좋아하는 저공이라는 사람이 있었어요. 집에
다 우리를 지어 놓고 원숭이들을 키울 정도였지요.

저공과 원숭이들은 서로 마음을 읽을 만큼 가까웠어요. 하지만 점점 살림살
이가 어려워지자 원숭이들에게 먹이를 주는 일도 만만찮았어요.

"우리 식구도 굶게 생겼는데 원숭이 먹이까지 챙길 겨를이 어디 있담!"

저공의 아내도 보다 못해 툴툴거렸어요.

혼자 곰곰이 궁리를 하던 저공은 원숭이들에게 말했답니다.

"이제부터 너희들에게 도토리를 아침에 3개, 저녁에 4개씩을 주마."

"무슨 소리! 우린 아침에 도토리 4개를 먹어야 한다고요!"

원숭이들이 화를 펄펄 내자, 저공이 다시 말했어요.

"그럼 아침에 4개, 저녁에 3개씩 주면 되겠느냐?"

"와아아!"

원숭이들은 펄쩍펄쩍 뛰며 기뻐서 어쩔 줄 몰랐어요.

'하하, 이러나저러나 하루에 7개씩 먹는 건 똑같은데 저리 좋아하다니!'

저공은 빙그레 웃었어요. 자신의 꾀에 속아 넘어간 원숭이들이 딱하다는 듯이
말이에요.

『열자』 '황제편'

　　훌륭한 지도자는 아랫사람의 마음을 잘 읽고 그 뜻을 잘 헤아려 주는 사람입니다. 특히 원숭이처럼 어리석은 사람을 다룰 때는 더욱 그렇지요. 하지만 아무리 지도자라고 해도 잔꾀나 속임수로 사람을 놀리는 건 옳지 못한 일이지요. 진정한 리더는 상대방이 원하는 걸 진지하게 들어줄 줄 알아야 해요.

조령모개

朝 아침 조 **令** 명령할 령 **暮** 저물 모 **改** 고칠 개

아침에 내린 명령을 저녁에 고친다는 뜻으로,
일관성 없는 정책이나 방침을 꼬집어 이르는 말.

중국 어느 변방에 사는 백성들은 걱정이 이만저만이 아니었어요. 먹고살기 위해 농사지으랴, 툭하면 쳐들어오는 오랑캐를 막으랴 정신이 없었거든요. 그런데도 나라에서는 홍수와 가뭄으로 먹고살기도 힘든데 세금을 내라는 둥, 이런저런 일로 부역*을 나오라는 둥 백성들을 달달 볶았어요.

"에고, 그 많은 세금을 어떻게 낼까!"

"툭하면 부역에 나오라고 불러 대니 언제 농사를 짓는단 말인가?"

백성들의 불만은 점점 쌓여만 갔어요.

하지만 더욱 안타까운 건 세금을 내는 날짜와 부역을 나가는 시기가 정해져 있지 않다는 거예요.

"모두 나와서 장마에 무너진 둑을 쌓도록 하라!"

아침이 되자 관리가 나와 명령을 전했어요. 사람들은 모두 삽과 곡괭이를 들고 둑으로 나가 해가 설핏해질 때까지 일을 했지요.

그런데 또 다른 관리가 나와 이렇게 말하는 거예요.

"여기 일은 그만두고 당장 오랑캐를 막으러 떠나도록 하라!"

"이거야 원, 아침에 명령을 내리고 저녁에 고치는 지경이라니!"

사람들은 너도나도 툴툴거렸어요.

*부역: 국가나 공공단체가 특정한 공익사업을 위해 보수 없이 국민에게 의무적으로 책임을
지우는 노동.

그 소식을 들은 한 신하가 임금에게 말했답니다.

"전하, 먹고살기 힘든 백성들을 위해 아침에 명령을 내리고 저녁에 그걸 고치는 일은 없애야만 하옵니다!"

"음, 경의 말이 옳도다!"

뒤늦게 잘못을 깨달은 임금은 그 후 백성들을 불편하게 하는 법을 고쳤어요. 부역을 시킬 일이 있으면 미리미리 방을 붙여서 알리고, 세금도 날짜를 정해서 내도록 하였지요.

『한서』'식화지'

명령을 내리는 사람이 이랬다저랬다 손바닥 뒤집듯이 결정을 바꾸면 그걸 해야 하는 사람들은 갈팡질팡하게 되지요. 이 일도 제대로 못 하고 저 일도 제대로 못 하고요. 그러니 만약 불편한 법과 규칙이 있다면 하루빨리 고쳐져야 해요. 그것이 바로 이 시대의 리더의 역할이겠지요.

고사성어 하나 더

조변석개 朝 아침 조 變 변할 변 夕 저녁 석 改 고칠 개

아침저녁으로 뜯어고친다는 뜻으로, 계획이나 결정 따위를 자주 바꾸는 것을 이름.

온고지신

溫 익힐 온 故 옛 고 知 알 지 新 새 신

옛것을 익히고 그것을 통하여 새것을 안다는 뜻으로,
한쪽에만 치우치지 않고 옛것이나 새로운 것을 고루 알아야
다른 사람의 스승이 될 수 있다는 의미.

후한을 세운 광무제는 28세에 군사를 일으켜 31세에 황제 자리에 올랐어요.

천하 통일을 이룬 후, 광무제는 전한을 세운 고조 유방의 뒤를 이어 나라 이름을 후한으로 정했어요.

'음, 포악하고 잔인한 군주가 아닌 나도 고조처럼 백성들을 덕으로 다스리겠다.'

광무제는 속으로 다짐했어요. 그러고는 백성들의 고생을 생각해서 웬만해선 군사를 일으키지 않았지요.

그러던 어느 날, 장군 마무가 광무제에게 말했어요.

"폐하, 지금 흉노족이 흉년이 들어 곤란을 겪고 있으니 군사를 이끌고 나가 싸우면 반드시 승리를 할 것이옵니다!"

"그건 안 된다. 여러 해 동안 전쟁을 하느라 우리 백성들이 지쳐 있다. 지금은 전쟁보다는 백성들이 마음 편히 살도록 하는 게 우선이다."

광무제는 고개를 저었어요. 무엇보다 백성들의 행복을 우선으로 여겼거든요.

광무제가 이처럼 백성들을 자애로움과 덕으로 다스린 건 모두 한고조 유방에게 배운 정치 비결이었답니다.

『논어』 '위정편'

높은 지위에 오르거나 권력을 갖게 되면 사람들은 대부분 옛것은 너무 고리타분하다며 무시하고 새로운 것만 찾으려고 하지요. 하지만 오래도록 내려오는 옛것들 중에는 우리가 본받아야 할 것들이 아주 많답니다. 광무제처럼 옛것을 바탕으로 새로운 걸 찾아 나가는 건 누구보다 현명한 생각이지요.

고사성어 하나 더

무용지용 無 없을 무 用 쓸 용 之 어조사 지 用 쓸 용

쓸모없는 것의 쓸모라는 뜻으로, 언뜻 보기에 쓸모없는 것이 오히려 큰 구실을 할 때 이르는 말.

난공불락

難 어려울 난 **攻** 칠 공 **不** 아니 불 **落** 떨어질 락

공격하기가 어려워 좀처럼 함락되지 않는다는 뜻.

위나라의 명장 학소가 천여 명의 군사를 이끌고 진창성을 지키고 있을 때, 촉한의 제갈량이 군사 4만여 명을 이끌고 쳐들어온다는 소식이 들려왔어요.

제갈량은 싸움 대신 학소와 같은 고향 사람을 성으로 보내 항복할 것을 권했어요. 그러나 학소는 단호하게 거절하고는 군사들에게 소리쳤어요.

"우리에게 곧 구원병이 올 것이다. 그때까지 이 성을 지켜야 한다!"

지략이 뛰어난 제갈량도 곧 구원병이 온다는 걸 알고는 총공격을 퍼부었어요.

"적군은 겨우 천 명의 군사뿐이다! 당장 진창성을 공격하라!"

제갈량은 구름사다리를 만들고 충차*로 성을 공격했어요. 학소도 불화살을 쏘고 돌절구를 던지며 그야말로 죽기 살기로 제갈량의 공격을 막아 냈지요.

마침내 전쟁을 시작한 지 스무 날이 되었을 때, 멀리서 왕쌍 장군이 위나라의 지원군을 이끌고 오는 소리가 들렸어요.

막강한 제갈량의 군사들과 맞서 간신히 버텨 오던 군사들은 기쁨의 함성을 질렀어요. 제갈량은

*충차: 수레 모양의 기구.

부하인 사웅, 공기를 보내 왕쌍의 대군을 막도록 하였지만 되레 크게 패하고 말았어요.

"이렇게 많은 군사로도 진창성 하나 무너뜨리지 못하다니! 참으로 난공불락이로구나!"

천하의 제갈량도 눈물을 머금고 돌아갈 수밖에 없었답니다.

『삼국지』'촉지 – 제갈량전'

구원병이 올 때까지만 버텨라~!

승리는 우리의 것이다~!

힘든 상황에도 흔들리지 않고 꿋꿋하게 병사들을 이끈 학소의 용기와 리더십이 매우 돋보이는 이야기입니다. 한 무리를 이끄는 리더는 학소처럼 이렇게 뚜렷한 목표가 있어야 하지요. 목표가 있으면 나 자신도 흔들리지 않고 따르는 이들 역시 넘어지지 않는답니다.

고사성어 하나 더

금성철벽 金 쇠 금 城 성 성 鐵 쇠 철 壁 벽 벽

쇠로 만든 성과 철로 만든 벽이라는 뜻으로, 방어 시설이 잘되어 있어서 공격하기 어려운 성을 비유적으로 이르는 말.

'고사성어' 속 인물과 출처 배움터

인물 더 알기

➡ 이순신 (1545~1598)

임진왜란으로 나라가 어려울 때 뛰어난 지략과 냉철한 판단으로 '사천해전', '당항포해전', '명량해전' 등 크고 작은 싸움을 승리로 이끈 명장이에요. 하지만 안타깝게도 1598년 11월 19일 '노량해전'에서 왜적이 쏜 화살을 맞고 숨을 거뒀어요.

➡ 윈스턴 처칠 (1874~1965)

2차 세계대전으로 영국이 히틀러가 다스리는 독일군의 침략을 받자 뛰어난 외교술과 지도력을 발휘하여 어려움에 빠진 나라를 구한 위대한 정치가예요. 연합국인 미국의 프랭클린 루즈벨트, 소련의 이오시프 스탈린과 함께 전쟁을 끝내는 일에 앞장섰어요.

책 더 알기

➡ 열자

춘추 전국 시대의 열어구가 지었다고 전해지는 책이에요. 『노자』, 『장자』 등과 함께 도가 사상을 담고 있는 고전으로 손꼽히지요. 재미있는 이야기 속에서 '도'의 의미를 쉽고 흥미롭게 설명하고 있어요. '우공이산', '기우', '조삼모사' 등의 고사가 특히 유명해요.

➡ 논어

공자와 그의 제자들의 언행을 적은 것으로, 공자 사상의 중심이 되는 효제와 충서 및 '인'의 도에 대하여 설명하고 있는 유교 경전이에요. 『논어』, 『대학』, 『맹자』, 『중용』 네 권의 책을 일컬어 '사서'라고 부른답니다.

04

사회성을
길러 주는 고사성어

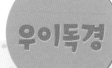

牛소우 耳귀이 讀읽을독 經글경

쇠귀에 경 읽기라는 뜻으로,
아무리 가르치고 일러 주어도 알아듣지 못함을 이르는 말.

금별이네 집은 날마다 우당탕탕 전쟁이 벌어졌어요.

"그거 내 옷이야! 내가 입을 거란 말이야!"

"아니야, 엄마가 나 입으라고 사 준 거야!"

한 살 터울인 금별이와 은별이는 아침마다 서로 자기가 예쁜 옷을 입겠다고 다퉜어요.

"아휴, 제발 좀 싸우지 마라!"

엄마가 안타까운 얼굴로 말했어요.

하지만 금별이와 은별이는 여전히 서로 마음에 드는 옷을 입겠다며 야단이었어요.

"내일부터는 꼭 서로 양보하디, 알았지?"

엄마는 단단히 일렀어요.

하지만 웬걸, 다음 날 아침에도 전쟁은 또 시작됐어요. 이번에는 머리띠가 문제였어요. 은별이가 산 분홍색 머리띠를 금별이가 떠억 하고 나온 거예요.

"아휴, 이거야 원 쇠귀에 경 읽기가 따로 없네. 도무지 말을 듣지 않으니!"

엄마가 혀를 끌끌 찼어요. 다음 날도, 그다음 날도 아침마다 금별이와 은별이가 다투는 소리는 그치지 않았어요.

〈창작동화〉 '제발, 싸우지 마!'

남의 말을 귀담아듣지 않고 내 생각만 고집한다면 어떻게 될까요? 아마도 나중엔 아무도 내 이야기를 들으려 하지 않을 거예요. 이렇게 자기 고집만 피우고 상대방과 타협할 줄 모르는 사람은 남과 어울려 살 수가 없답니다.

고사성어 하나 더

여풍과이 如 같을 여 風 바람 풍 過 지날 과 耳 귀 이

바람이 귀를 통과하는 듯 여긴다는 뜻으로, 남의 말을 귀담아듣지 않는 태도를 이르는 말.

過 지나칠 과 猶 오히려 유 不 아니 불 及 미칠 급

정도를 지나침은 미치지 못하는 것과 같다는 뜻으로,
지나치지도 않고 부족하지도 않은 적절한 상태가 가장 좋다는 의미.

당나귀 한 마리가 무거운 짐을 지고 터벅터벅 걸어가고 있었어요.

그때 풀숲에서 여치가 부르는 아름다운 노랫소리가 들려왔어요.

'나도 노래를 잘 불렀으면 좋으련만! 그럼 무거운 짐을 지고 갈 때도 힘이 덜 들 텐데.'

당나귀는 여치가 마냥 부럽기만 했어요.

"여치야, 넌 무얼 먹고 살기에 그렇게 노래를 잘 부르니? 그 비결 좀 가르쳐 주렴."

당나귀가 부러운 듯 물었어요.

"당나귀 아저씨, 저는 이슬만 먹고 살아요."

"그렇게 쉬운 방법이 있었다니!"

당나귀는 기뻐하며 그날부터 이슬만 먹고 살았어요. 배에서 꼬르륵 소리가 나고 기운이 없었지만 그저 꾹 참았어요.

"이제 곧 나도 아름다운 노래를 부를 수 있을 거야!"

하지만 며칠 후, 이슬만 먹고 지내던 당나귀는 이젠 서 있지도 못하고 털퍼덕 쓰러지고 말았어요. 자기 덩치는 생각하지 않고 여치처럼 이슬만 먹고 살다가 그만 죽고 만 거예요.

『이솝우화』 '당나귀와 여치'

남의 좋은 점을 본받고 따르는 건 참 훌륭한 일이에요. 하지만 '뱁새가 황새 따라가다가 가랑이 찢어진다'는 말처럼 무턱대고 남을 따라 하다가는 낭패를 볼 수 있어요. 분수와 처지에 맞는 자기만의 장점을 키우는 게 더 중요합니다. 그럼 자신감도 쑥쑥 생기고 남들과 더욱 잘 지낼 수 있어요.

고사성어 하나 더

교각살우 矯 바로잡을 교 角 뿔 각 殺 죽일 살 牛 소 우

쇠뿔을 바로잡으려다 소를 죽인다는 뜻으로, 결점이나 흠을 고치려다 수단이 지나쳐 도리어 일을 그르친다는 의미.

동가홍상

同 한가지 동 **價** 값 가 **紅** 붉을 홍 **裳** 치마 상

같은 값이면 다홍치마라는 뜻으로, 값이 같거나
똑같은 노력을 들였다면 더 좋은 것을 갖고 싶다는 의미.

어느 마을에 한 서방이라는 나이 든 옹기장이가 있었어요. 조상 대대로 옹기 만드는 일을 해 온 덕에 제법 단단하고 질 좋은 옹기를 만들었어요.

마침 건넛마을에 강 서방이라는 젊은 옹기장이가 이사를 왔어요.

"이왕이면 좀 특별하게 만들어야지!"

강 서방은 둥근 주둥이며 날렵한 손잡이까지 겉모양에도 잔뜩 신경을 써서 멋들어지게 옹기를 빚었어요.

"흥, 옹기가 그저 단단하기만 하면 되지. 겉모습이 뭐가 중요하담!"

한 서방은 잔뜩 빈정거렸어요.

마침내 장날이 되자 한 서방도, 강 서방도 옹기를 지고 장으로 나갔어요.

"아니 저 옹기는 뭐지?"

사람들은 겉모양이 그럴 듯한 강 서방의 옹기전으로 하나둘 모여들었어요.

"제가 새로운 기법으로 만든 옹기입니다. 자, 보십시오!"

강 서방은 사람들에게 크고 작은 항아리며 자배기*를 보여 주었어요.

"허허, 맵시도 있고 보기에도 좋은걸!"

"그래, 같은 값이면 다홍치마라는 말도 있잖은가."

사람들은 하나둘 강 서방의 옹기를 사기 시작했어요.

〈창작동화〉 '인기 많은 옹기'

*자배기: 둥글 넓적하고 입구가 넓게 벌어진 질그릇.

'보기 좋은 떡이 먹기도 좋다'라는 말이 있어요. 사람도 마찬가지랍니다. 지저분하고 구질구질한 차림새보다는 깔끔하고 단정한 옷차림을 하면 어디서나 돋보이지요. 물론 지나치게 비싸거나 요란한 차림새는 오히려 눈살을 찌푸리게 할 수도 있으니 조심해야 하고요!

고사성어 하나 더

금상첨화 錦 비단 금 上 윗 상 添 더할 첨 花 꽃 화

비단 위에 꽃을 더한다는 뜻으로, 좋은 일 위에 더 좋은 일을 더한다는 뜻.

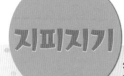
知알지 彼저피 知알지 己몸기

적을 알고 나를 알아야 한다는 뜻으로, '백전백승'과 같이 써서,
적의 형편과 나의 형편을 자세히 알면 백 번 싸워
백 번 모두 이길 수 있다는 의미.

어느 날 토끼가 숲 속에서 놀고 있을 때였어요.

"어흥, 배가 고픈데 마침 잘됐구나. 너를 잡아먹어야겠다!"

토끼를 발견한 호랑이는 입을 쩍 벌리며 말했어요.

"호랑이 아저씨, 나 같은 건 나중에 잡수시고 우선 이 떡 좀 드셔 보세요!"

토끼는 나뭇가지를 모아 불을 피우고는 그 위에 돌멩이 떡을 올려놓았어요.

"이 떡은 불에 빨갛게 구워지면 먹는 거예요. 참, 이 떡은 간장을 찍어 먹으면
더 맛있어요. 제가 가서 간장을 얻어 올게요."

토끼는 깡충깡충 뛰어 멀리멀리 달아났어요.

며칠 후 토끼가 억새밭 근처에서 놀고 있을 때, 다시 호랑이가 나타났어요.

"네, 이놈! 지난번에는 나를 속였지만 이번에는 어림없다!"

"아이구구, 호랑이 아저씨, 저보다 참새를 먼저 드시는 게 어때요? 여기서 입
을 떡 벌리고 있으면 참새가 줄줄이 입으로 들어가게 해 드릴게요."

먹는 걸 좋아하는 호랑이는 이번에도 귀가 솔깃해서는 토끼 말대로 했어요.

그사이 토끼는 억새밭에다 불을 놓고는 훠이훠이 참새 쫓는 소리를 냈어요.
타다닥 타다닥 불길이 사방에서 타 들어오자 호랑이는 그제야 또 토끼에게 속
은 걸 알고는 후다닥 불길에서 뛰쳐나왔어요.

어리석은 호랑이는 그 후에도 번번이 토끼의 꾐에 빠져 골탕을 먹곤 했답니다.

〈우리나라 옛이야기〉 '토끼와 호랑이'

　영리한 토끼처럼 상대방을 알고 나를 알면 무슨 일을 해도 성공할 확률이 아주 높아져요. 상대방이 어떤 걸 좋아하는지, 무슨 일을 하는지 알면 이야기도 쉽게 풀리고, 금방 친해질 수 있거든요. 혹시 사귀고 싶은 친구가 있다면 먼저 그 친구가 좋아하는 걸 알아보세요. 그럼 금방 가까워질 테니까요.

고사성어 하나 더

공피고아 攻 칠 공　彼 저 피　顧 돌아볼 고　我 나 아

상대를 공격하려면 자기 자신을 먼저 살펴야 한다는 뜻.

한 선비가 고향인 충청도로 가다가 길에 쓰러져 있는 부부와 아기를 보았어요. 아기는 온몸이 불덩이처럼 뜨거웠어요. 선비는 서둘러 부부와 아기를 주막으로 옮기곤 의원을 불러 부부와 아기를 치료하도록 해 주었어요.

"참으로 고맙습니다. 어디 사는 뉘신지요?"

간신히 정신을 차린 부부가 간곡하게 물었어요.

"어려움에 빠진 사람을 돕는 건 사람의 도리인데 이름이라니요."

선비는 고개를 저었지만 부부가 자꾸 묻자 선비는 마지못해 대답했어요.

"소인은 주서 벼슬을 하다가 고향으로 물러나는 이 씨 성을 가진 사람입니다."

선비는 그 말만 남긴 채 서둘러 떠났어요.

그 후 15년이 지나 그 아기는 왕비가 되었답니다. 바로 영조 임금의 계비인 정순왕후였어요. 어느 날 왕비는 임금에게 간절히 말했어요.

"전하, 저와 저의 부모를 살려 주신 그분을 꼭 찾아 주시옵소서!"

임금은 충청도 방방곡곡을 뒤져 15년 전 주서 벼슬을 했던 이 씨 성을 가진 사람을 찾아 주었어요.

"하루도 그때 일을 잊은 적이 없답니다. 참으로 고맙습니다!"

왕비는 선비의 은혜에 머리 숙여 절을 했어요.

임금도 선비의 어진 마음을 높이 치하하고 벼슬을 내렸답니다.

〈인물 이야기〉 '정순왕후'

우리는 살아가면서 뜻하지 않게 남의 도움을 받을 때가 있어요. 하지만 곧 잊어버리고 말 때가 많지요. 아무리 작은 일이어도 나를 도와준 사람을 잊지 않고 매일매일 감사하는 마음으로 사는 건 사람의 도리랍니다. 더불어 나도 그 사람처럼 누군가를 도우며 사는 건 더욱 좋은 일이지요.

고사성어 하나 더
결초보은 結 맺을 결　草 풀 초　報 갚을 보　恩 은혜 은

풀을 묶어서 은혜에 보답한다는 뜻으로, 죽은 뒤에라도 은혜를 잊지 않고 갚는다는 말.

십시일반

十 열 십 匙 숟가락 시 一 한 일 飯 밥 반

열 사람이 한 숟가락씩 밥을 보태면 한 사람이 먹을 만한
양식이 된다는 뜻으로, 여럿이 힘을 합하면 한 사람쯤은 도와주기 쉽다는 말.

마더 테레사는 수녀가 된 뒤 인도 콜카타로 갔어요. 그곳에서 콜카타 빈민가 아이들에게 목욕을 시켜 주고, 글씨를 가르쳤어요. 수업이 끝나면 마을을 찾아다니며 환자들을 돌보았고요. 하지만 혼자서 모든 일을 하려니 여간 힘들지 않았어요.

그러던 어느 날부터 예전에 가르쳤던 제자들이 하나둘 찾아와 마더 테레사를 돕기 시작했어요. 마더 테레사는 그들과 함께 '사랑의 선교회'를 만들었답니다.

하루는 어떤 사람이 마더 테레사를 찾아와 말했어요.

"이 근처 힌두교 가정에 8명이나 되는 아이들이 밥을 먹지 못해 거의 굶어 죽어 가고 있답니다. 제발 좀 도와주세요!"

마더 테레사는 쌀을 긁어모아 들고 힌두교 가정으로 갔어요. 그러자 안주인은 매우 기뻐하며 쌀을 반으로 나누더니 반을 들고 어디론가 달려갔어요.

잠시 후 안주인이 돌아왔을 때 마더 테레사가 어디를 다녀왔느냐고 묻자 그녀는 이렇게 말했어요.

"우리처럼 가난한 이웃집에 수녀님이 주신 쌀의 반을 갖다 주었습니다."

마데 테레사는 콩 한 쪽이라도 기꺼이 이웃과 나누려는 그녀의 고운 마음씨에 눈물을 글썽였어요.

〈인물 이야기〉 '마더 테레사'

혼자서는 들지 못하는 무거운 짐도 여럿이 힘을 합하면 거뜬히 들 수 있어요. 지진이나 태풍, 뜻하지 않은 재난으로 집을 잃고 가족을 잃은 사람들을 위해 서로 도움의 손길을 건네는 일처럼 말이에요. 이처럼 우리는 늘 이웃과 더불어 살아가야 해요.

고사성어 하나 더

상부상조 相 서로 상　扶 도울 부　相 서로 상　助 도울 조

서로서로 돕는다는 뜻으로, 서로 의지하고 돕는 모습을 가리킬 때 자주 사용하는 표현.

易 바꿀 역 地 처지 지 思 생각할 사 之 이 지

남과 처지를 서로 바꾸어 생각한다는 뜻으로,
입장을 바꿔 놓고 다른 사람의 처지에서 생각한다는 의미.

어느 날 뱀의 꼬리가 머리를 보며 툴툴거렸어요.

"나는 왜 만날 네 뒤만 졸졸 따라다녀야 하냐? 나도 내 맘대로 다니고 싶어!"

"꼬리야, 너는 눈이 없어서 앞을 볼 수 없잖니? 내가 하는 모든 건 다 너를 위한 일이란다."

머리는 꼬리를 달래 주었어요. 하지만 꼬리는 여전히 화를 펄펄 냈어요.

"흥, 입에 발린 소리 하지도 마! 난 이제부터 내가 가고 싶은 데로 갈 거야."

꼬리는 자기 멋대로 어디론가 마구 기어갔어요.

그러다가 그만 길을 잘못 들어서더니 그만 개울에 빠지고 말았어요.

머리가 끙끙대며 꼬리를 이끌고 개울을 빠져나왔어요.

"앗, 따가워라! 이게 뭐지?"

꼬리는 이번에도 길을 잘못 들어서더니 가시덤불 속으로 들어갔어요.

보다 못한 머리가 이번에도 간신히 힘을 내어 가시덤불 밖으로 빠져나왔어요.

꼬리는 또다시 길을 떠났어요. 얼마쯤 갔을 때였어요.

"앗, 뜨거, 이게 뭐야?"

꼬리는 이번에는 불이 타고 있는 불길 속으로 들어가 버린 거예요.

머리가 온 힘을 다해 불길 밖으로 빠져나가려 했지만 때는 이미 늦고 말았어요. 머리와 꼬리의 목소리는 더 이상 들리지 않게 되었답니다.

『탈무드』 '뱀의 머리와 꼬리'

꼬리가 조금만 더 머리의 입장을 배려했더라면, 머리가 조금만 더 꼬리의 마음을 헤아려 주었더라면 이런 일은 벌어지지 않았을 텐데요. 그래서 무슨 일을 하든, 누구와 함께 있든 늘 내가 아닌 상대방의 처지를 잘 생각해야 해요.

고사성어 하나 더

이청득심 以 써 이　聽 들을 청　得 얻을 득　心 마음 심
들음으로써 마음을 얻는다는 뜻으로, 상대방의 말에 귀 기울이면 마음을 얻을 수 있다는 의미.

옛날 어느 마을에 의좋은 형제가 살고 있었어요.

형제는 이른 봄부터 가을까지 일손을 도와 가며 사이좋게 농사를 지었어요.

"아, 올해도 농사를 잘 지었구나!"

형제는 각자의 논에 쌓인 낟가리를 보며 기뻐했어요.

그런데 그날 밤이었어요.

'아우네는 얼마 전에 살림을 차렸으니 나보다 쓸 데가 더 많을 거야.'

형은 자기 논에 있는 낟가리에서 볏단을 꺼내어 한 지게 지고는 살금살금 아우네 논으로 갔어요. 그러곤 동생 낟가리 위에 볏단을 얹어 주고 왔어요.

그런데 얼마 후 아우도 살금살금 집을 나섰어요.

'형님네는 우리보다 식구가 많으니까 양식이 더 필요할 거야.'

아우도 볏단을 한 지게 져다가 형의 낟가리 위에 쌓았어요.

날이 밝자 형과 아우는 속으로 깜짝 놀랐답니다.

'이상하다, 왜 낟가리가 그대로지?'

그날 밤 형과 아우는 다시 지게에 볏단을 지고는 형은 아우의 논으로, 아우는 형의 논으로 가고 있었어요. 그러다가 중간에서 두 형제는 딱 마주쳤지요.

"아니!"

의좋은 형제는 서로 얼싸안고 눈물을 흘렸어요.

〈우리나라 옛이야기〉 '의좋은 형제'

형제자매끼리 서로 도우며 우애 있게 사는 건 참 보기 좋아요. 그렇게 남을 도울 줄 아는 사람은 대부분 자기 가족뿐 아니라 남도 도울 줄 아는 넉넉한 마음을 지녔거든요. 욕심쟁이처럼 자기만 아는 사람은 곁에 아무도 없어요. 그러니 우리는 늘 남을 도우며 살아야 해요.

고사성어 하나 더

염화미소 拈 집을 염 華 꽃 화 微 작을 미 笑 웃음 소

꽃을 집어 들고 미소를 짓는다는 뜻으로, 말로 하지 않고 마음에서 마음으로 전한다는 의미.

'고사성어' 속 인물 배움터

인물 더 알기

⇨ 정순왕후 김씨 (1745~1805)

15세의 나이로 영조와 혼례를 올린 왕비입니다. 간택을 할 때 무슨 꽃이 제일 예쁘냐고 묻는 말에 "목화꽃은 비록 멋과 향기는 빼어나지 않지만 실을 짜 백성들을 따뜻하게 만들어 주는 꽃이니 가장 아름답다."고 답을 해 영조를 감탄시켰다고 해요.

⇨ 마더 테레사 (1901~1997)

마케도니아 스코페에서 태어나 수녀가 된 후, 인도 콜카타의 빈민가에 '사랑의 선교회'를 세우고 평생 가난하고 병들고 오갈 데 없는 사람들을 돌보며 살았어요. 그 후 '사랑의 선교회'는 전 세계에 120여 곳이 세워졌어요. 이런 헌신적인 공로로 마더 테레사는 1979년 노벨 평화상을 수상하였답니다.

05

지혜로운 생각을
키워 주는 고사성어

어불성설

語 말씀 어 不 아니 불 成 이룰 성 說 말씀 설

말이 말로 이루어지지 않는다는 뜻으로, 이치에 맞지 않는
말이나 주장을 일컬을 때 쓰는 표현.

배고픈 사자가 어슬렁어슬렁 마을로 내려왔다가 한 농부의 집으로 들어갔어요.

그때 부엌에서 밥을 짓고 있던 농부의 딸을 본 사자는 깜짝 놀랐어요.

"세상에, 저렇게 어여쁜 아가씨가 있다니!"

마침 밭일을 마치고 돌아오던 농부가 사자를 보고 흠칫 놀라 소리쳤어요.

"저, 저런!"

그러자 사자는 농부에게 넙죽 엎드려 절하며 이렇게 말했어요.

"따님과 결혼을 하고 싶으니 제발 허락해 주십시오!"

그때 농부는 퍼뜩 한 가지 꾀를 생각해 냈어요.

"이걸 어쩌나, 우리 딸이 자네의 그 이빨과 발톱이 너무 무서워서 결혼하지 않으려 할 텐데……."

사자는 그 길로 당장 자기 굴로 돌아가 무서운 이빨과 날카로운 발톱을 몽땅 뽑고는 부랴부랴 농부의 집으로 달려왔어요.

"장인어른, 약속대로 이빨과 발톱을 다 뽑았소. 그러니 이젠 따님을 제 아내로 내주십시오!"

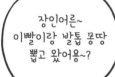

장인어른~
이빨이랑 발톱 몽땅
뽑고 왔어용~

따님을
주세용~♥

그제야 마음이 놓인 농부는 미리 준비해 둔 몽둥이를 들고 소리쳤어요.

"뭐라고? 감히 귀하디 귀한 내 딸을 달라고? 어림없는 소리!"

사자는 흠씬 두들겨 맞고는 내쫓겼어요.

『이솝우화』 '사랑에 빠진 사자'

'호랑이 굴에 들어가도 정신만 차리면 산다'라는 말이 있어요. 아무리 위급한 상황에서도 지혜와 재치만 있으면 위기에서 빠져나올 수 있답니다. 혹시 사자처럼 누군가 터무니없는 요구를 한다면 여러분은 어떻게 할 건가요? 슬기롭게 기지를 발휘해 보세요!

고사성어 하나 더

언어도단 言 말씀 언 語 말씀 어 道 길 도 斷 끊을 단
말할 길이 끊어졌다는 뜻으로, 너무나 어이가 없어서 말문이 막혔다는 의미.

先먼저 선 見 볼 견 之 어조사 지 明 밝을 명

앞을 내다보는 안목이라는 뜻으로, 다가올 일을 미리 짐작하는
밝은 지혜라는 의미.

어떤 노인이 뜰에서 묘목을 심고 있었어요.

마침 그곳을 지나가던 한 나그네가 그것을 보고 한심하다는 듯이 물었어요.

"아이고 어르신, 그 나무에서 대체 언제쯤 열매가 열리리라 생각하십니까?"

노인은 잠시 생각하더니 대답했어요.

"글쎄, 아직 어린 묘목이니 이 나무가 무성하게 자라 열매를 맺으려면 아마도
한 70년은 지나야 할게요."

"설마 어르신이 그때까지 사실 수 있을 거라고 생각하십니까?"

"허허, 지금 내 나이가 몇인데 앞으로 70년을 더 살겠소?"

"그럼, 왜 그리 힘들게 나무를 심고 계신지요?"

노인이 큰 소리로 웃으며 이렇게 대답했어요.

"내가 태어났을 때 우리 집 과수원에는 아주 달고 맛있는 과일들이 주렁주렁
열려 있었다오. 그건 내가 태어나기 전에 나의 할아버지와 아버지가 나를 위해
묘목을 심어 두었기 때문이오. 나도 지금 내 손자 손녀들을 위해 나무를 심고
있는 거지요."

나그네는 자신이 했던 말이 부끄러웠어요.

나그네가 얼굴이 빨개진 채 떠난 후에도 노인은 온 정성을 다해 땅을 파 묘목
을 심었답니다.

『탈무드』 '나무 심는 노인'

지금은 비록 힘들어도 누군가를 위해 앞을 내다보며 준비하는 마음은 정말 아름다워요. 먼 훗날 누군가를 위해 지금부터라도 작은 일 한 가지씩을 해 보면 어떨까요? 이렇게 앞을 내다보며 준비하는 마음이야말로 이 지구를 살리고, 사람을 살리는 일이 될 테니까요.

고사성어 하나 더

백년대계 百 일백 백　年 해 년　大 큰 대　計 셀 계

백 년 앞을 내다보고 세우는 큰 계획.

지혜로운 생각을 키워 주는 고사성어　**109**

갑론을박

甲 첫째 천간 갑 論 논할 론
乙 둘째 천간 을 駁 논박할 박

갑이 주장을 하고 을이 반박을 한다는 뜻으로,
서로 자기의 주장을 내세우고 상대방의 주장을 반박한다는 의미.

'임진왜란'은 조선 선조 때인 1592년부터 1598년까지 7년 동안 두 차례에 걸쳐 일본이 소선을 침략하여 일어난 선생이에요.

전쟁이 일어나기 전이었답니다. 선조는 무력으로 일본을 통일한 도요토미 히데요시가 조선과 명나라를 치려 한다는 걸 알고는 일본으로 사신을 보냈어요. 바로 황윤길과 김성일을 각각 정사와 부사로 삼아 일본으로 보낸 거예요.

하지만 1591년 봄, 일본에서 돌아온 두 사람은 전혀 다른 의견을 내놓았어요.

"전하, 일본은 지금 날마다 군사 훈련을 하는 등 침략의 기회를 엿보고 있사옵니다."

"전하, 아니옵니다. 일본은 지금 그 어느 때보다 평화로운 나날을 보내고 있사옵니다."

도요토미 히데요시가 어떻게 생겼느냐는 물음에도 마찬가지였어요.

"눈빛이 반짝반짝하여 담력과 지략이 있는 사람인 듯 보였나이다."

"그의 눈은 쥐와 같았는데 두려워할 위인이 못 됩니다."

두 신하의 서로 다른 대답에 선조는 당혹스러웠어요.

"두 사람의 말이 이리 다르니 누굴 믿을꼬!"

결국 선조는 김성일의 말을 믿고는 일본이 침략하지 않으리라 여겼어요. 하지만 일본은 이듬해인 1592년 4월, 군사를 이끌고 조선으로 쳐들어왔답니다.

<우리나라 역사 속 이야기>

　자기주장만 내세우던 신하들 때문에 조선은 무려 7년 동안이나 일본에게 온 나라가 짓밟히고, 수많은 백성들이 죽고 포로가 될 만큼 무서운 전쟁을 겪어야만 했어요. 무턱대고 남의 말을 무시하기보다는 올바른 선택과 결정을 위해서는 상대방의 의견에도 귀 기울일 줄 아는 열린 마음을 가져야 합니다.

새옹지마

塞 변방 새 翁 늙은이 옹 之 어조사 지 馬 말 마

변방 노인의 말이라는 뜻으로, 고사에 따르면 인생의 길흉화복은
변화가 많아 예측하기 어렵다는 의미.

옛날 중국 북방의 요새 근처에 한 노인이 살고 있었어요.

어느 날 노인의 말이 오랑캐 땅으로 달아나자 마을 사람들이 안타까워했어요.

하지만 노인은 태연하게 말했답니다.

"허허, 누가 아오? 이 일이 복이 되는지."

몇 달 뒤, 노인의 말대로 달아났던 말이 웬 오랑캐의 준마를 이끌고 돌아왔어요. 사람들 모두 자기 일처럼 기뻐했지만 노인은 여전히 태연하게 말했어요.

"허허, 누가 아오? 이 일이 화가 되는지."

그러던 어느 날, 노인의 아들이 그 준마를 타다가 떨어져 발목뼈가 뚝 부러지고 말았어요.

사람들이 이를 위로하자 노인은 조금도 슬픈 기색 없이 태연하게 말했답니다.

"허허, 누가 아오? 이 일이 또 복이 되는지."

그렇게 일 년이 지난 어느 날, 오랑캐가 쳐들어왔어요.

온 마을의 젊은이들이 오랑캐와 싸우러 나갔지만 노인의 아들은 절름발이이기 때문에 전쟁터에 나갈 수 없었어요. 마을의 젊은이들이 오랑캐의 손에 하나둘 죽어 갔지만, 절름발이인 노인의 아들만은 살아남았지요.

마을 사람들은 그제야 노인이 한 말뜻을 깨달았어요. 나쁜 일이 있으면 좋은 일이 있고, 좋은 일이 있으면 나쁜 일도 있다는 게 세상의 이치라는 것을요.

『회남자』 '인간훈'

좋은 일이 있을 때는 행여 나쁜 일이 생길까 조심하고, 나쁜 일이 있어도 곧 좋은 일이 생길 거라는 희망을 품고 산다면 그 어떤 일도 두렵지 않을 거예요.

고사성어 하나 더

전화위복 轉 구를 전 禍 재앙 화 爲 할 위 福 복 복

재앙이 바뀌어 복이 된다는 뜻으로, 좋지 않은 일이 계기가 되어 오히려 좋은 일이 생김을 이르는 말.

일각천금

一 한 일 刻 시각 각 千 일천 천 金 쇠 금

일각(15분)의 짧은 시간도 아깝기가 천금과 같다는 뜻으로,
아무리 짧은 시간도 천금과 같이 매우 소중하다는 의미.

프랭클린이 젊은 시절 서점에서 일할 때였어요. 한 손님이 책값을 물었어요.

"이 책 얼마입니까?"

"네, 1달러입니다."

"얼마나 깎아 줄 수 있습니까?"

"저희 서점은 정찰제입니다."

프랭클린은 공손하게 대답했어요.

"아, 그래도 좀 깎아 주십시오."

손님이 또다시 사정하자 프랭클린이 말했어요.

"그렇다면 1달러 50센트에 드리겠습니다."

"아니 책값을 깎아 달랬더니 되레 비싸게 받는 게 말이 되오?"

손님은 화가 나서 따지자 프랭클린은 눈도 꿈쩍 않고 다시 또 말했어요.

"조금 전엔 1달러 50센트였지만 이제 그 책을 사려면 2달러 내십시오."

"당신 지금 제정신이오? 대체 무슨 까닭으로 책값을 점점 올리는 게요?"

손님은 어처구니가 없다는 듯 씩씩거렸어요. 그러자 프랭클린이 말했어요.

"돈보다 시간이 더 중요하기 때문입니다. 손님이 제 시간을 자꾸 빼앗았으니 책값을 올려 받을 수밖에요."

손님은 그제야 얼굴이 빨개져서는 책을 사서 돌아갔어요.

<인물 이야기> '벤저민 프랭클린'

젊어서부터 시간을 천금과 같이 아껴 쓴 덕분에 프랭클린은 마침내 미국 '건국의 아버지' 중 한 명이 되었으며 정치가, 사업가, 발명가로 크게 이름을 날릴 수 있었답니다. 시간을 헛되이 낭비하지 않는 사람이야말로 지혜로운 사람이지요.

고사성어 하나 더

일촌광음불가경

一 한 일　寸 마디 촌　光 빛 광　陰 응달 음　不 아니 불　可 가할 가　輕 가벼울 경

일촌의 짧은 시간도 가벼이 허비해서는 안 된다는 뜻으로, 시간의 소중함을 가리키는 말.

難 어려울 난 兄 형 형 難 어려울 난 弟 아우 제

누구를 형이라 하기도 어렵고 아우라 하기도 어렵다는 뜻으로,
서로 비슷비슷하여 우열을 가리기 어렵다는 말.

오성과 한음은 누가 더하고 덜한지 따질 수 없을 만큼 영리한 친구 사이였어요.

오성과 한음이 어릴 때였답니다.

어느 날 한 농부가 둘을 찾아와 사정사정했어요.

"며칠 전 제 아내가 들일을 나가다가 오줌이 마려운 나머지 길옆 밭에다 오줌

을 눴습지요. 그런데 지나가던 황 대감이 그걸 보고는 남의 밭에 함부로 오줌을 눴다며 당장 관가로 가서 곤장을 맞든지, 우리 집 황소를 끌고 오든지 하라며 성화를 대더니만 그예 오늘 아침 황소를 끌고 갔답니다. 영리한 도련님들께서 제발 제 황소 좀 찾아 주십시오, 네?"

농부가 돌아가고 난 뒤 오성과 한음은 머리를 맞대고 궁리를 했어요. 그러고는 이튿날 아침, 황 대감의 가마가 길옆 밭을 지나려 하자 다짜고짜 둘이 엉켜 싸우기 시작했어요.

"어허, 너희는 왜 길을 막고 싸우고 있느냐?"

황 대감이 가마 위에서 내려다보며 물었어요.

"대감님, 제가 길을 가다가 하도 급해서 이 밭에다가 오줌을 누려 하자, 이 친구가 여기다 오줌을 누다가 황소 한 마리를 빼앗긴 사람이 있다며 말리지 뭐예요."

오성이 능청스레 말했어요.

"대감님, 정말 자기 밭에다 오줌을 눴다고 남의 황소를 빼앗아 간 사람이 있을까요? 만약 그게 사실이라면 이번에 암행어사가 된 제 숙부께 말씀드려서 혼을 내 주라고 할 겁니다."

한음도 시치미를 뚝 떼고 말했어요.

얼굴이 하얗게 질린 황 대감은 그 길로 집으로 돌아가 농부에게 빼앗은 소를 돌려주었어요.

<인물 이야기> '오성와 한음'

어릴 때부터 단짝 친구인 오성과 한음은 재미있는 일화를 많이 남겼어요. 기발한 재치와 지혜로 백성들을 괴롭히는 양반들을 골려 주고, 어려운 사람들을 도와주었지요.

만약 누군가 도움을 청해 오면 오성과 한음처럼 지혜롭게 그 해결책을 찾아 곤경에 빠진 사람들을 도와줄 수 있다면 정말 좋겠죠?

고사성어 하나 더

백중지간 伯 맏 백 仲 버금 중 之 어조사 지 間 사이 간
힘이나 능력 따위가 서로 엇비슷하여 누가 더 낫고 못함을 가리기 힘든 사이.

옛날 충청도 어느 고을에 사는 총각 하나가 과거를 보러 길을 떠났어요.

날이 저물자 총각은 주막으로 들어가 다짜고짜 좁쌀 한 알을 꺼내 주며 주인에게 말했어요.

"귀한 좁쌀이니 잘 간직했다가 내일 아침에 주시오."

다음 날 총각은 맡겨 놓은 좁쌀 한 알을 달라고 했어요.

"이런, 쥐란 놈이 홀랑 먹어 버렸답니다."

"그럼 그 쥐란 놈을 잡아다 주시오."

총각은 좁쌀 대신 쥐를 가지고 길을 떠났어요. 그리고 날이 저물면 주막으로 들어갔지요.

하지만 가는 주막마다 황당한 일이 벌어졌어요. 총각이 쥐를 맡기면 고양이가 물어서, 고양이를 맡기면 개가 물어서, 개를 맡기면 말이 차 버려서, 말은 소하고 싸움을 하다가 모두 죽고 말았던 거예요.

결국 소를 가지고 길을 떠나게 된 총각은 한양에 이르렀고 다시 주막으로 들어가 주인에게 소를 맡겼어요.

다음 날 아침, 총각은 맡겨 놓은 소를 달라고 했어요.

"아이고, 이를 어쩌나, 우리 아들 놈이 그만 손님 소인 줄 모르고 소를 팔아 버렸답니다."

"그럼 그 소를 사 간 사람에게 데려다 주시오."

쩔쩔매던 주인은 하는 수 없이 총각을 데리고 소를 사 간 정승에게 찾아가 사정을 말했어요.

"네 소는 없다. 이미 잡아먹었다!"

"그럼, 그 소고기 잡아먹은 사람을 데려오시오!"

총각은 기죽지 않고 당당하게 말했어요.

"허허, 고 녀석 참 맹랑하구나. 예끼, 이놈! 소 잡아먹은 사람 여기 있다!"

정승의 집에서는 딸의 생일을 위해 소 한 마리를 잡아 잔치를 하던 중이었어요. 정승은 총각의 용기를 높이 사고는 실제로 자기 딸을 내주었고 사위로 맞았어요.

'좁쌀 한 알로 정승 사위가 되다니!'

총각은 입이 벙실벙실 벌어졌어요.

〈우리나라 옛이야기〉 '좁쌀 한 톨로 정승 사위가 된 사람'

이처럼 나쁜 일이 때로는 더 좋은 일을 가져다줄 수 있으니 지레 좌절하거나 실망할 필요가 없겠지요? 지혜로운 사람이라면 이럴 때 좁쌀 한 알로 정승 사위가 된 총각처럼 더욱 용기 있고, 당차게 앞날을 헤쳐 나가야 해요.

고사성어 하나 더

새옹지마 塞 변방 새 翁 늙은이 옹 之 어조사 지 馬 말 마

변방 노인의 말이라는 뜻으로, 고사에 따르면 인생의 길흉화복*은 변화가 많아 예측하기 어렵다는 의미.

*길흉화복: 운이 좋고 나쁨, 재앙과 환란, 복되고 영화로운 삶을 아울러 이르는 말.

'고사성어' 속 인물과 출처 배움터

인물 더 알기

➪ 벤저민 프랭클린(1706~1790)

미국의 정치가이며 영국의 식민지였던 미국 13개의 주를 하나의 국가로 독립시키는 독립 선언서 작성에 참여했어요. 또 미국 독립 전쟁 때는 프랑스의 경제적 군사적 원조를 얻어 내고 미국 헌법의 뼈대를 만든 아주 훌륭한 업적을 남겼어요.

➪ 오성과 한음(1556~1618, 1561~1613)

조선 중기의 재상인 이항복과 이덕형을 이르는 말이에요. 이항복은 이조판서 겸 홍문관대제학 등을 거쳐 의정부우참찬에 이르고, 이덕형도 형조판서, 이조판서, 우참찬, 우찬성을 지낼 정도로 학식과 지혜가 뛰어났어요. 두 사람의 뛰어난 재치와 기지는 숱한 이야깃거리를 남겼어요.

책 더 알기

➪ 회남자

한나라 고조의 손자인 류안이 편찬한 일종의 백과사전이에요. 형이상학, 우주론, 국가 정치, 행위 규범 등 해박한 지식들이 총망라되어 있지요. 『회남자』는 현재 21권만이 남아 있어요.

06

친구 간의 진실한 사귐을 위한 고사성어

완전 쪼잔해!

水 물수 魚 물고기어 之 어조사지 交 사귈교

물과 물고기의 관계라는 뜻으로, 서로 떨어질 수 없는
매우 친밀한 사이를 비유적으로 이르는 말.

촉나라를 세운 유비는 늘 걱정이 많았어요.

'내게는 관우, 장비처럼 용맹스런 장수들이 있지만 병법에 능한 자가 없으니 큰일이구나.'

어느 날 유비는 제갈량의 지혜가 뛰어나다는 소문을 듣고 그를 찾아갔어요.

"부디, 나의 군사*가 되어 주십시오. 선생님 같은 지략가가 제 곁에 있다면 조조나 손권의 군사 따윈 두렵지 않을 것입니다."

하지만 제갈량은 꿈쩍도 하지 않았어요.

유비는 다음 날도, 그다음 날도 또 제갈량을 찾아갔어요. 제갈량이 비록 스물일곱 살밖에 안 된 젊은이였지만 예의를 다해서 간청했어요.

그러자 마음이 움직인 제갈량이 유비의 청을 받아들였어요. 그 후 타고난 지략으로 유비를 도와 오나라의 손권과 함께 적벽대전을 승리로 이끌었지요.

유비는 크게 기뻐하며 제갈량을 군사로 모시고 늘 함께했어요. 그러자 전쟁터에서 누구보다 큰 공을 세운 관우와 장비가 화가 나서 따졌어요.

"황제께서 너무 제갈량만 위하는 게 아닙니까?"

"내가 제갈량을 얻은 것은 물고기가 물을 얻은 것과 같다네."

유비는 껄껄 웃으며 이렇게 달랬어요.

『삼국지』 '촉지 – 제갈량전'

*군사: 군대를 운용하여 군사 작전을 짜던 사람.

  유비는 자기보다 스물일곱 살이나 어린 제갈량의 지략으로 점점 나라를 넓혀
나갔어요. 두 사람은 나이 차이를 뛰어넘어 신뢰와 우정을 바탕으로 친구가 된
거지요. 서로 믿고 따르는 마음이 없다면 그 우정은 오래가지 못한답니다.

고사성어 하나 더
금란지계 金 쇠 금 蘭 난초 란 之 어조사 지 契 맺을 계

금과 난초 같은 맺음이란 뜻으로, 쇠처럼 단단하고 난초의 향기처럼 그윽한 친구 사이를 뜻하
는 말.

오비이락

烏 까마귀 오 飛 날 비 梨 배나무 이 落 떨어질 락

까마귀 날자 배 떨어진다는 뜻으로,
어떤 일이 마침 다른 일과 공교롭게 때가 같아 관계가 있는 것처럼
의심을 받거나 난처한 위치에 서 있게 되었다는 의미.

"으흐흐, 내가 다 땄어!"

구슬치기에서 구슬을 몽땅 딴 정수는 벌어진 입을 다물지 못했어요.

그런데 룰루랄라 어깨춤을 추며 집으로 가던 정수는 깜짝 놀랐어요. 찢어진 주머니 사이로 구슬이 하나둘 쏟아져 내린 거예요.

"으악, 내, 내 구슬!"

정수는 떼구르르 굴러가는 구슬을 주우려고 땅만 보고 마구 달려갔어요. 그러다가 그만 자전거를 타고 오던 혜리와 쾅 부딪치고 말았지요.

혜리는 자전거와 함께 땅바닥에 나동그라진 채 울상을 지었어요.

"어, 혜리야, 미, 미안!"

"너, 일부러 나 넘어뜨린 거지? 지난번에 자전거 태워 달라고 했는데 안 태워 줘서."

"말도 안 돼! 까마귀 날자 배 떨어진다더니 오해야, 오해! 난 구슬을 주우러 가고 있었다고!"

정수는 억울하다는 듯 소리쳤어요.

하지만 혜리는 여전히 입을 삐쭉이며 눈을 흘겼어요.

〈창작동화〉 '제발, 내 말 좀 믿어 줘!'

만약 친구에게 뜻하지 않게 오해를 받으면 얼마나 속상할까요? 그럴 땐 상대방이 이해할 때까지 자신의 진심을 보여 줘야 해요. 그럼 조금 오래 걸리더라도 분명 친구도 나를 믿어 줄 거예요.

고사성어 하나 더

이하부정관

李 오얏(자두) 이　下 아래 하　不 아니 부　整 가지런할 정　冠 갓 관

자두나무 밑에서 갓을 고쳐 쓰지 말라는 뜻으로, 자두나무 밑에서 갓을 고쳐 쓰면 자두 도둑으로 오해받기 쉬우므로 남에게 의심 살 만한 일은 피하는 것이 좋다는 의미.

견원지간

犬 개 견 **猿** 원숭이 원 **之** 어조사 지 **間** 사이 간

개와 원숭이 사이라는 뜻으로, 사이가 몹시 좋지 않은 관계를
비유적으로 이르는 말.

어느 바닷가에서 살던 한 가난한 노인이 큰 잉어를 잡았어요. 하지만 잉어가
울며 애원하자 노인은 얼른 잉어를 놓아주었어요.

다음 날 고기를 잡으러 나온 노인에게 갑자기 용왕의 아들이 나타났어요. 그
리고 노인에게 요술 구슬을 선물로 주었답니다. 뭐든지 말만 하면 소원을 들어
주는 구슬이었어요.

노인은 요술 구슬 덕분에 큰 부자가 되어 행복하게 살았어요. 하지만 불행히
도 강 건너에 사는 욕심쟁이 할머니의 속임수에 빠져 귀한 요술 구슬을 빼앗기
고 말았지요.

개와 고양이는 주인의 은혜를 갚고자 강 건너 욕심쟁이 할머니 집을 찾아갔어
요. 그러고는 쥐의 왕을 위협하여 구슬을 되찾는 데 성공했어요.

그런데 집으로 가기 위해 개가 고양이를 등에 태우고 강을 건널 때였어요.

"구슬은 잘 가지고 있겠지?"

개는 고양이에게 몇 번이나 물었어요.

"어버. 어버버."

이상하게 생각한 개가 재촉하며 물었어요.

"너 혹시 떨어뜨린 거 아냐?"

"잘 갖고 있다니까!"

참다못한 고양이가 큰 소리로 대답했어요. 그 바람에 입에 문 구슬을 강물에

떨어뜨리고 말았어요. 개와 고양이는 서로 네 탓이라며 다퉜어요.

고양이는 그 길로 개와 헤어져 혼자 강으로 갔어요.

마침 낚시꾼이 큰 잉어 한 마리를 잡아 올리는 것을 본 고양이는 잽싸게 잉어를 훔쳐다가 먹었어요. 그런데 잉어 배 속에 아까 물에 빠뜨린 구슬이 들어 있는 게 아니겠어요?

주인은 구슬을 되찾아온 고양이를 칭찬하고 개는 밖으로 내쫓았어요. 쫓겨난 개는 모든 게 고양이 탓이라 여기고 고양이만 보면 으르렁거렸어요.

〈우리나라 옛이야기〉 '개와 고양이'

개와 고양이처럼 무슨 일을 할 때마다 서로 네 탓이라며 다투는 사람들이 있어요. 친한 친구 사이일수록 서로 양보하고 배려해야 하는데 말이에요. 작은 일로 다투다 보면 큰일도 그르칠 수 있으니 친할수록 더욱 조심해야 돼요.

고사성어 하나 더
불구대천 不 아니 불 俱 함께 구 戴 일 대 天 하늘 천

하늘을 같이 이지 못한다는 뜻으로, 이 세상에서 같이 살 수 없을 만큼 큰 원한을 가진 원수를 이르는 말.

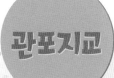

관포지교

管 피리 관 **鮑** 전복 포 **之** 어조사 지 **交** 사귈 교

관중과 포숙아의 사귐이란 뜻으로,
우정이 아주 돈독한 친구 사이를 이르는 말.

중국 제나라의 관중과 포숙아는 어릴 때부터 둘도 없는 친구였어요.

두 사람은 열심히 글공부를 하여 나란히 벼슬에 올랐어요. 그리고 관중은 양공의 아들인 규를 섬기고, 포숙아는 규의 아우인 소백을 섬기게 되었지요.

그런데 얼마 후 양공이 반란군에게 죽임을 당하는 일이 벌어졌어요. 관중은 규를 모시고 노나라로, 포숙아는 소백을 모시고 거나라로 피신을 떠났어요.

이때 관중은 규 왕자를 제나라의 왕위에 앉히고 소백을 암살할 계획을 꾸몄어요. 그 바람에 관중과 포숙아는 서로 적이 되고 말았지요.

반란군들이 모두 잡히자 관중과 포숙아는 서둘러 규와 소백을 모시고 제나라로 돌아갔어요. 하지만 먼저 왕위를 차지한 건 소백이었어요. 소백은 자신을 환공이라 부르게 하고는, 형 규를 죽이고 신하였던 관중마저 죽이려 했어요.

그때 포숙아가 왕 앞에 엎드려 간곡하게 아뢰었어요.

"전하, 관중의 재능은 신보다 몇 갑절 뛰어납니다. 장차 천하를 다스리고자 하신다면 관중을 재상으로 삼으십시오."

환공은 포숙아의 간청을 받아들여 관중을 재상으로 삼고 나랏일을 맡겼어요. 물론 관중은 그 후 수완을 발휘하여 제나라를 더욱 부강하게 만들었어요.

"나를 낳아 준 사람은 어머니지만, 나를 알아준 유일한 사람은 포숙아이다."

훗날 관중은 포숙아를 떠올리며 이렇게 말했어요.

『사기』 '관안열전'

관중과 포숙아처럼 친구끼리도 뜻하지 않게 각자 다른 길을 걸어갈 때가 있습니다. 하지만 친구가 어려움에 빠져 있을 때 모른 척하는 건 진정한 친구가 아니에요. 포숙아처럼 친구를 위해 용기 있게 나설 줄 아는 마음이 바로 진정한 우정이지요.

고사성어 하나 더

지음 知 알 지 音 소리 음

거문고 소리를 듣고 안다는 뜻으로, 고사에 따르면 자기의 속마음까지 알아주는 친구를 의미.

미라는 짝꿍인 승준이가 영 마음에 들지 않았어요.

너무 얌전한 데다 겁쟁이였거든요. 특히 곤충이나 벌레만 봐도 무서워서 벌벌 떠는 것도 우습기만 했어요.

"헤헤, 김승준, 겁쟁이다, 겁쟁이!"

아이들은 가짜 뱀을 보고도 막 도망가는 승준이를 보며 놀려 댔어요.

그러던 어느 날, 미라가 친구들과 함께 집으로 돌아갈 때였어요.

한 남자아이가 데굴데굴 굴러가는 공을 잡으러 달려가는 게 보였어요. 저쪽에서는 오토바이 한 대가 아이 쪽으로 달려오고 있었고요.

그때였어요.

승준이가 눈 깜짝 할 사이에 아이에게 달려가더니 아이를 휙 자기 쪽으로 끌어당겼어요. 승준이 덕분에 아이는 무사히 오토바이를 피할 수 있었어요.

"겁쟁이 승준이가 어떻게 된 일이지?"

아이들은 승준이를 보며 박수를 쳤어요.

그 후 아무도 승준이를 겁쟁이라고 놀리지 않았어요.

물론 미라도 마찬가지였어요.

<창작동화> '이젠 놀리지 않을게'

겉으로 큰소리를 뻥뻥 치는 사람보다는 필요할 때 자신의 진정한 힘을 보여주는 사람이 정말 용감한 사람이에요. 말이 없고 조용한 성격이지만 위기 앞에서는 누구보다 용감한 승준이처럼 말이에요. 그러니 겉만 보고 친구를 판단하는 건 어리석은 행동이랍니다.

고사성어 하나 더

외허내실 外 바깥 외　虛 빌 허　內 안 내　實 열매 실

겉은 허술한 듯 보이나 속은 알차다는 말.

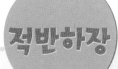

적반하장

賊 도둑 적 反 뒤집을 반 荷 꾸짖을 하 杖 지팡이 장

도둑이 도리어 몽둥이를 든다는 뜻으로, 잘못한 사람이 도리어
아무 잘못이 없는 사람을 나무랄 때를 가리켜 이르는 말.

어느 날 늑대가 맛있는 음식을 먹다가 그만 가시가 목에 걸렸어요.

"아이고, 늑대 죽는다, 켁켁켁, 제발 나 좀 살려 주게, 어서!"

늑대는 동물들을 찾아다니며 애걸하였지만 모두 고개를 돌렸어요. 평소에 늘
잘난 척하고, 힘없는 동물들을 괴롭히던 늑대가 곤경을 당하자 오히려 쌤통이라
고 여겼어요.

그때 두루미가 지나가는 게 보였어요.

"제발 내 목구멍에 걸린 가시 좀 빼 주게. 그럼 내 고마움의 표시로 사례를 하
겠네."

두루미는 길쭉한 부리로 늑대 목에 걸린 가시를 금방 빼 주었어요.

"야아, 이제 살았군!"

늑대는 기지개를 켜며 어슬렁어슬렁 제 집을 향해 걸어갔어요.

그러자 화가 난 두루미가 물었어요.

"아까 사례를 하겠다고 해 놓고 그냥 가면 어떡해요?"

"뭐라고? 이런 고약한 놈! 네 놈 대가리가 내 입속으로 들어갔다가 무사히 나
온 것만도 고마워해야 하거늘 사례를 하라고?"

늑대는 화를 버럭 내며 휙 가 버렸어요.

『이솝우화』 '늑대와 두루미'

만약 늑대처럼 은혜를 입고도 모른 척하는 사람이 있다면 그 사람은 친구나 이웃에게 따돌림을 당하고 말 거예요. 누군가에게 도움을 받았다면 반드시 고마움의 표시를 해야 하지요. 친한 친구 사이에도 마찬가지랍니다.

고사성어 하나 더

후안무치 厚 두터울 후　顔 낯 안　無 없을 무　恥 부끄러울 치

얼굴이 두껍고 부끄러움이 없다는 뜻으로, 사람의 언행이 뻔뻔스러워 부끄러움이 없음.

竹 대죽 馬 말마 故 옛고 友 벗우

대나무 말을 타고 놀던 옛 친구라는 뜻으로,
어릴 때부터 가까이 지내며 함께 자란 친한 친구를 뜻함.

진나라에 환온과 은호라는 두 젊은이가 있었어요. 둘은 어려서부터 함께 대나무로 만든 말을 타고 놀며 같이 글공부를 했어요. 그런데 환온이 먼저 벼슬을 얻어 이름을 알리게 되었지요.

그러던 어느 날, 황제인 '간 문제'가 촉나라 땅을 평정하고 돌아온 환온의 세력이 날로 커지자 이를 염려하여 궁리를 하던 중이었어요. 간 문제는 환온을 견제하기 위해 은호를 불러 양주지사라는 벼슬을 내렸어요.

하지만 환온은 은호가 자신과 맞선다고 여기곤 몹시 불쾌하게 여겼어요.

그 무렵 이웃 조나라 왕실에서 다툼이 일어나자 간 문제는 이 기회에 중원 땅을 되찾기 위해 은호를 중원 장군에 임명했어요. 하지만 군사를 이끌고 나갔던 은호는 도중에 말에서 떨어지는 바람에 제대로 싸우지도 못하고 결국 크게 패하고 돌아왔어요.

"폐하, 은호의 죄가 참으로 크오니 엄벌을 내리시옵소서!"

환온은 은호를 규탄하는 상소를 올려 그를 멀리 귀양 보내고 말았어요.

은호는 변방의 귀양지에서 쓸쓸하게 죽어 갔어요. 환온은 곤경에 빠진 친구를 구해 주지 않았던 거예요.

훗날 환온은 은호를 구해 주지 않았던 걸 후회했지만 이미 돌이킬 수 없는 일이 되었어요.

『세설신어』 '품조편'

'사촌이 땅을 사면 배가 아프다'라는 말처럼 누가 잘되면 시기와 질투를 느끼는 어리석은 사람들이 있어요. 남이 잘될 때 기뻐해 주고, 칭찬해 줄 줄 아는 사람이야말로 마음이 따뜻한 사람이지요. 특히 친구끼리는 더욱 그래야 해요. 그래야 평생 함께 살아가며 기쁨과 슬픔을 나눌 수 있으니까요.

고사성어 하나 더

막역지우 莫 없을 막 逆 거스릴 역 之 어조사 지 友 벗 우

서로 거스를 것이 없는 벗이라는 뜻으로, 허물이 없이 매우 가깝고 친한 친구를 뜻함.

桃 복숭아 도 園 동산 원 結 맺을 결 義 의리 의

복숭아 동산에서 맺은 결의라는 뜻으로, 유비, 관우, 장비가
도원(복숭아밭)에서 의형제를 맺은 데에서 유래한 말.

한나라 말, 백성들은 늘 겁에 질려 벌벌 떨었어요. 나라가 어지러운 틈을 타고는 머리에 노란 수건을 두른 황건적이 마을로 쳐들어와 곡식을 마구 빼앗아 갔거든요.

조정에서는 다급하게 각 지방 장관에게 명하여 황건적과 맞서 싸울 의병을 모집했어요.

"저 오랑캐 놈들을 가만히 놔둘 순 없다!"

유주 탁현에서 방을 본 유비는 가슴이 뛰었어요. 언젠가 뤄양으로 차를 사러 갔다가 황건적 무리의 횡포를 직접 눈으로 보았기 때문이지요.

"우리가 힘을 합해 당장 그놈들을 박살 냅시다!"

그때 몸집이 큰 한 장수 하나가 다가와 말했어요. 그는 바로 장비였어요.

두 사람은 뜻이 같음을 알고는 이야기를 더 나누기 위해 가까운 주막으로 갔어요.

그때 우락부락하게 생긴 한 사내가 탁자를 내리치며 소리쳤어요.

"황건적 놈들을 가만두지 않겠다!"

그 사람은 바로 관우였지요. 유비와 장비는 반가운 마음으로 관우에게 말했어요.

"하하, 우리 세 사람의 뜻이 같으니 다 같이 힘을 합해 황건적을 토벌합시다!"

장비는 복숭아꽃이 만발한 자신의 집 뒤뜰로 유비와 관우를 데리고 갔어요.

"오늘 우리는 이 복숭아밭에서 의형제의 결의를 맺도록 하세."

세 사람은 서로의 손을 잡으며 약속했어요. '도원결의'는 바로 복숭아밭에서 맞은 결의라는 뜻이랍니다.

그 후 세 사람은 3백 명의 젊은이들을 이끌고 황건적 토벌에 앞장섰어요.

『삼국지연의』

유비, 관우, 장비 세 사람은 뜻을 모아 의로운 일에 앞장서서 나섰어요. 그야말로 정의의 삼총사랍니다. 누군가 뜻이 맞는 친구가 있다는 건 참 행복한 일이에요. 특히 옳은 일, 좋은 일을 함께 할 친구가 있다는 건 더욱더 기쁜 일이지요.

고사성어 하나 더

금석지교 金 쇠 금 石 돌 석 之 어조사 지 交 사귈 교

쇠붙이와 돌처럼 굳고 변함없는 우정을 이르는 말.

'고사성어'의 출처 배움터

책 더 알기

⇨ 삼국지

중국 진나라의 학자 진수가 편찬한 위·촉·오 삼국의 역사책이에요. 내용이 근엄하고 간결하여 역사서 중에서도 으뜸으로 꼽히고 있지요. 일부 내용은 우리나라의 역사 연구에도 귀중한 자료가 되고 있어요. 후대에 지어진 중국 역사 소설 『삼국지연의』는 『삼국지』의 내용을 바탕으로 하고 있답니다.

⇨ 삼국지연의

진수의 『삼국지』에 나오는 위·촉·오 삼국의 역사를 바탕으로 중국 원나라의 작가 나관중이 가공의 이야기를 덧붙여 지은 장편 역사 소설이에요. 삼국 시대를 중심으로 중국 패권을 장악하려는 영웅들의 대결이 흥미진진하게 펼쳐지지요. 중국 역사 소설 가운데 가장 널리 읽히는 작품이에요.

⇨ 사기

중국 한나라 때 사마천이라는 사람이 쓴 역사책이에요. 중국 역사와 주변 나라의 역사를 다루고 있으며 총 130권으로 이루어져 있어요. 책의 내용과 문체가 뛰어나 중국 최고의 역사책으로 손꼽힌답니다.

⇨ 세설신어

중국 육조 시대의 송나라 사람 유의경이 편찬한 일화집이에요. 후한 말에서 동진 말까지 약 200년 동안 실존했던 제왕과 고관 귀족을 비롯하여 문인, 학자, 현자, 승려, 부녀자 등 700여 명에 달하는 인물들의 독특한 언행과 일화를 주제별로 수록해 놓은 이야기 모음집이에요.

07

학업 성취를 높이는
고사성어

고진감래

苦쓸고 盡다할진 甘달감 來올래

쓴 것이 다하면 단 것이 온다는 뜻으로, 고생 끝에 즐거움이 온다는 의미.

설날 아침, 할아버지 할머니께 세배를 드리고 이야기꽃을 피울 때였어요.

갑자기 할머니가 장롱에서 상자 하나를 꺼냈어요. 상자 속에는 놀랍게도 낡은 양은 도시락 세 개가 들어 있었어요. 아빠가 깜짝 놀라 물었어요.

"아니, 어머니, 그걸 여태 가지고 계셨어요?"

"그럼, 우리 집 보물인데 소중하게 간직해야지!"

할머니는 빙그레 웃으며 도시락을 하나씩 꺼내어 쓰다듬었어요.

"치, 저렇게 낡은 도시락이 보물이라고요? 말도 안 돼!"

형주는 입을 삐죽였어요.

"형주야, 아빠는 대학 다닐 때 날마다 이렇게 도시락을 세 개씩 싸 가지고 다니며 공부를 했단다. 가난한 집을 일으켜 세우려면 공부밖에 없다는 생각으로 눈이 오나 비가 오나 학교 도서관에 틀어박혀 오로지 공부에만 매달렸지."

아빠는 그때를 생각하며 눈시울을 붉혔어요.

"우아, 저 도시락이 정말 보물이네요! 할머니, 그 도시락 이제 제가 갖고 있을 게요. 저도 저걸 보며 아빠처럼 열심히 공부해서 훌륭한 사람이 될게요!"

형주가 도시락을 껴안으며 다짐하듯 외쳤어요.

"암, 그래야지! 우리 집 보물이니까 잘 간수해야 한다, 알았지?"

할머니는 낡은 도시락을 고이고이 싸 주며 말씀하셨어요.

<창작동화> '우리 집 보물'

꿈이 있는 사람은 아무리 공부가 힘들어도 포기하지 않아요. 나를 위해 애써 주는 가족들의 따스한 배려와 헌신을 잊지 않고 열심히 노력하면 학업 성적은 저절로 오를 거예요. 누군가 나를 믿어 줄 때 더욱 힘이 나거든요.

고사성어 하나 더

비극태래 否 막힐 비 極 다할 극 泰 통할 태 來 올 래

막힘이 극에 달하면 트이는 날이 온다는 뜻으로, 좋지 않은 일들이 지나고 나면 좋은 일이 온다는 의미.

大 큰 대 器 그릇 기 晩 늦을 만 成 이룰 성

큰 그릇을 만드는 데는 시간이 오래 걸린다는 뜻으로,
크게 될 사람은 늦게 이루어진다는 의미.

　조선 시대에 김득신이라는 사람이 살았어요. 김득신의 집안은 아버지가 감사를 지낼 정도로 명문가였어요.

　하지만 김득신은 어려서 천연두를 앓아 매우 우둔했어요. 열 살에 겨우 글자를 깨우칠 정도였지요. 아무리 글을 배워도 사흘이 지나도록 단 한 줄도 제대로 읽지를 못했어요. 그러나 김득신은 조바심을 내지 않았답니다.

　'한 번 읽어서 안 되면 몇 번이고 되풀이해서 읽으면 되겠지.'

　김득신은 포기하지 않고 똑같은 책을 자꾸자꾸 읽었어요. 그러다 보니 한 권의 책을 만 번 이상씩 읽는 일도 있었답니다. 『백이전』은 하물며 1억 1만 3천 번이나 읽을 정도였지요.

　"하하, 내가 이 책을 억만 번이나 읽다니!"

　김득신은 자신도 놀란 나머지 서재의 이름을 '억만재'로 지었어요.

　하지만 아무리 글공부를 해도 김득신은 번번이 과거 시험에 낙방을 했어요.

　그럴 때마다 김득신의 아버지는 이렇게 말했답니다.

　"네 나이 60세까지는 계속 과거에 응시를 해 보아라."

　김득신은 아버지의 말씀을 마음에 새기며 책의 내용을 다 외울 때까지 천 번이고 만 번이고 읽었어요. 그러던 김득신의 나이 59세에 마침내 과거에 급제하여 벼슬에 올랐어요.

　그 후에도 김득신은 책 읽기를 게을리하지 않았어요. 67세에 이르기까지 만

번 이상 읽은 책이 36권이나 될 정도였어요. 사람들은 그를 당대 최고의 다독가이자 뛰어난 문장가로 불렀답니다.

<인물 이야기> '김득신'

 뭐든지 노력도 해 보지 않고 포기하는 사람들이 김득신의 은근과 끈기를 배울 수만 있다면 얼마나 좋을까요? 머리가 뛰어나게 좋지 않아도 김득신처럼 꾸준히 노력하면 안 되는 일이 없을 테니까요.

고사성어 하나 더

마부위침 磨 갈 마 斧 도끼 부 爲 할 위 針 바늘 침

도끼를 갈아 바늘을 만든다는 뜻으로, 아무리 이루기 힘든 일도 끊임없이 노력하고 끈기를 가지고 인내하다 보면 언젠가는 이루어진다는 의미.

우공이산

愚 어리석을 **우** **公** 귀인 **공** **移** 옮길 **이** **山** 뫼 **산**

우공이 산을 옮긴다는 뜻으로, 고사에 따르면 어떤 일이든 꾸준하게 열심히 하면 반드시 이룰 수 있다는 의미.

옛날 중국의 북산 기슭에 우공이라는 90세 된 노인이 살고 있었어요.

태행산과 왕옥산 사이에 있는 북산은 사방이 칠백 리에다 높이가 만 길이나 되는 높은 산이에요. 게다가 사방팔방이 막혀 도무지 어디를 갈 수가 없었어요.

어느 날 우공이 부인과 세 아들, 손자들을 불러 모아 말했답니다.

"내가 저 험한 산을 평평하게 하여 남쪽으로 가는 길을 만들 생각이다."

우공은 그날부터 산을 파기 시작했어요. 세 아들과 손자들까지 데리고 돌을 깨고 삼태기와 광주리에다 흙을 퍼 날랐어요.

마을 사람들이 그 모습을 보고 마구 비웃자, 우공은 태연하게 말했어요.

"나는 곧 죽을 테지만 내가 죽으면 아들이 하고, 또 그 아들의 아들이 하고…… 이렇게 자자손손 이어 가면 언젠가는 저 산이 평평해질 날이 오겠지."

그러자 태행산과 왕옥산의 산신들이 깜짝 놀라 옥황상제를 찾아갔어요.

"우공이 아무래도 우리의 산을 다 없앨 모양이니 제발 말려 주십시오!"

하지만 옥황상제는 우공의 끈질긴 노력에 감동하여 힘이 센 신하에게 일러 두 산을 번쩍 들어 다른 곳으로 옮겨 주었어요. 두 산이 있던 자리에는 작은 언덕 조차 남아 있지 않게 되었지요.

그 덕분에 우공은 물론 그 자손들은 대대손손 어디든지 마음대로 다닐 수 있게 되었답니다.

『열자』 '탕문편'

뭐든지 지극정성으로 하면 하늘이 돕고, 땅이 돕는다는 말이 있어요. 우공의 의지를 본받는다면 공부도, 일도 두려울 게 없을 거예요.

日 날 일 **就** 나아갈 취 **月** 달 월 **將** 나아갈 장

날마다 달마다 성장하고 발전한다는 뜻으로,
세월이 지날수록 크게 발전하거나 성장하는 모습을 보일 때를 일컫는 말.

고구려 평원왕 때였어요. 집이 가난한 온달은 구걸을 하여 어머니를 봉양하며 살아갔어요.

"헤헤, 바보 온달이다!"

동네 아이들은 늘 헤진 옷에 떨어진 신발을 신고 동냥을 다니는 온달을 놀려 댔어요.

바보 온달에 관한 소문은 궁전 안까지 퍼졌어요. 궁전에는 어린 평강공주가 있었는데 어찌나 잘 우는지 울보 공주였어요.

평강공주가 하도 울어 대자 임금이 말했답니다.

"이렇게 자꾸 울면 이다음에 바보 온달에게 시집을 보내야겠구나."

어느 틈에 공주가 열여섯 살이 되자 임금은 좋은 가문의 아들과 혼인을 시키려 했어요.

그러자 공주가 나서서 말했어요.

"아바마마, 소녀는 바보 온달에게 시집가겠나이다."

공주가 마음을 바꾸지 않자 임금은 노발대발 화를 내며 공주를 궁궐에서 내쫓았어요.

궁궐에서 나온 공주는 그 길로 온달의 집을 찾아갔어요. 그리고 마침내 온달의 아내가 되었어요.

그 후 평강공주는 온달에게 임금이 타던 말을 사 오게 하여 무예 연습을 시켰

어요. 날이 지나고 달이 지나자 온달의 무예 실력은 눈에 띄게 발전했어요.

마침내 3월 3일, 임금이 여러 신하와 장수들을 데리고 사냥을 하여 그날 잡은 멧돼지와 사슴으로 천지신명에게 제사를 지내는 날이 되었어요.

"대체, 저 젊은이가 누구인가?"

임금은 온달이 하도 말을 빨리 달리고 짐승을 많이 잡자 누구인지 물었어요.

"소인은 온달이라 하옵니다."

"그렇다면 네가 우리 평강공주의 남편이란 말이더냐?"

임금은 크게 기뻐하며 온달을 사위로 맞아 주었어요.

『삼국사기』 '열전'

온달은 그 후 전쟁터에 나가 큰 공을 세운 후, 대형이라는 높은 벼슬에 올랐어요. 누구든지 자신의 실력을 갈고닦으면 언젠가는 온달처럼 큰 빛을 보게 된답니다. 시간이 오래 걸리더라도 포기하지 말고 꾸준히 노력하면 말이지요.

고사성어 하나 더

괄목상대 刮 비빌 괄 目 눈 목 相 서로 상 對 대할 대

눈을 비비고 다시 보며 상대를 대한다는 뜻으로, 다른 사람의 학식이나 업적이 놀랄 만큼 크게 진보했다는 의미.

立 설입 身 몸신 揚 날릴양 名 이름명

몸을 세워 이름을 날린다는 뜻으로, 사회적으로 출세하여
세상에 이름을 떨친다는 의미.

이몽룡은 오월 단옷날, 남원 광한루에서 그네를 뛰고 있는 춘향이를 보고 한눈에 반했어요. 하지만 이 도령은 아버지가 한양으로 가는 바람에 춘향이와 헤어져야만 했어요.

"내 반드시 과거에 급제하여 다시 돌아오리다. 그때까지 기다려 주오."

춘향이는 이 도령이 과거에 급제하고 돌아오기만을 손꼽아 기다렸어요.

그러던 어느 날, 새로 부임한 남원 사또 변학도가 춘향이의 뛰어난 미모에 반하여 수청을 들라며 춘향이를 못살게 굴었어요. 춘향이가 사또의 청을 거절하자 마음씨 고약한 사또는 춘향이를 옥에 가두고 모질게 고문했어요.

변 사또의 생일잔치가 호화롭게 열리던 날, 변 사또는 춘향이를 끌어내어 다시 한 번 수청을 들라고 했지만 춘향이의 마음은 한 치도 변함이 없었어요.

화가 난 변 사또는 춘향이를 또 한 번 모질게 고문했어요.

"암행어사 출두요!"

때마침 과거에 급제하여 암행어사가 된 이몽룡이 남원 관아로 들어왔어요.

이몽룡은 변 사또를 내치고 꿈에도 그리던 춘향이를 만나 이렇게 말했답니다.

"낭자, 나를 알아보겠소? 내가 바로 한양으로 갔던 이몽룡이오. 약속대로 돌아왔으니 이젠 아무 걱정 마오."

이몽룡은 그 후 춘향이와 행복하게 오래오래 잘 살았어요.

<고전소설> '춘향전'

춘향이와의 약속을 지키려 열심히 글공부를 해서 암행어사가 된 이몽룡처럼 뜻을 이루기 위해서는 모진 각오가 필요하답니다. 아무리 놀고 싶은 마음이 굴뚝같아도 내가 성공했을 때 기뻐할 가족과 친구, 사랑하는 사람들을 떠올리면 힘이 불끈 나겠지요?

고사성어 하나 더

명문천하 名 이름 명 聞 들을 문 天 하늘 천 下 아래 하

이름이 세상에 널리 퍼져 알려졌다는 뜻.

절차탁마

切 끊을 절 磋 갈 차 琢 다듬을 탁 磨 갈 마

옥돌을 자르고 갈고 다듬어서 빛을 낸다는 뜻으로,
무엇이든지 열심히 배우고 익혀 수련한다는 의미.

추사 김정희와 더불어 조선 2대 명필로 꼽히는 한석봉의 어릴 적 이야기예요.

일찍이 아버지를 여의고 어머니와 단 둘이 살았던 한석봉은 어려서부터 글재주가 뛰어났어요. 어머니는 아들의 장래를 위해 석봉을 멀리 떨어진 절에 있는 한 스님에게 보냈어요.

석봉은 하루하루 글을 배웠어요. 하지만 한 해, 두 해가 지나자 어머니가 보고 싶어 견딜 수가 없었어요. 이제 배울 만큼 다 배웠다는 생각도 들었지요.

그 길로 석봉은 굽이굽이 고개를 넘어 꿈에도 그리던 집으로 달려왔어요.

그러자 어머니는 반가운 기색도 없이 호롱불을 훅 불어 끄더니 말했어요.

"그럼 어디 이 어미하고 한번 겨뤄 보자꾸나. 나는 여기서 떡을 썰 테니 너는 글을 쓰려무나."

석봉은 어머니의 말씀을 어기지 못한 채 어둠 속에서 글씨를 써 내려가기 시작했어요. 어머니는 그 옆에서 말없이 썩둑썩둑 떡을 썰었고요.

호롱불을 켠 순간 석봉은 부끄러워 어쩔 줄 몰랐어요. 어머니가 썬 떡은 그 모양과 크기가 고른데 자신이 쓴 글은 삐뚤삐뚤 들쭉날쭉 엉망이었거든요.

"어머니, 소자가 생각이 짧았습니다."

석봉은 오던 길을 되짚어 절로 돌아가, 마음을 다잡고 열심히 공부했어요. 그 후 석봉은 스물다섯의 나이에 진사시에 합격했고 높은 벼슬에 올랐답니다.

<인물 이야기> '한석봉'

한석봉은 중국 선비들도 혀를 내두를 정도로 뛰어난 명필가였습니다. 하지만 자신의 실력만 믿고 어머니의 조언을 따르지 않았다면 최고의 명필가가 되지 못했을 거예요. 1등보다 더 좋은 것은 자만하지 않고 주변의 쓴소리도 내 것으로 받아들여 꾸준히 정진하는 자세입니다.

고사성어 하나 더

수적천석 水 물 수 滴 물방울 적 穿 뚫을 천 石 돌 석

물방울이 돌을 뚫는다는 뜻으로, 작은 노력이라도 끈기 있게 계속하면 큰일을 이룰 수 있다는 의미.

형설지공

螢 반딧불이 형 雪 눈 설 之 어조사 지 功 공 공

반딧불과 하얀 눈빛으로 공을 이루었다는 뜻으로, 가난을 이기고
반딧불과 눈빛으로 글을 읽어 가며 힘들게 공부해서 이룬 성공을 뜻함.

진나라에 차윤이라는 젊은이가 있었어요. 차윤은 늘 손에서 책을 놓지 않았어요.

가난한 탓에 등불을 켤 기름을 살 돈이 없어서 밤에는 간신히 달빛에 비춰 책을 읽었어요.

그러던 어느 날, 차윤은 눈을 반짝이며 소리쳤어요.

"옳지, 그러면 되겠구나!"

차윤은 불을 밝힌 채 어둠 속을 날아다니는 반딧불이를 수십 마리 잡아다 엷은 천으로 만든 주머니에 넣었어요. 그러고는 거기서 새어 나오는 반딧불로 책을 읽었어요.

이렇게 열심히 노력한 끝에 차윤은 이부상서라는 큰 벼슬에 올랐어요.

그 무렵 차윤과 처지가 비슷한 손강이라는 젊은이가 있었어요.

손강도 밤이면 기름 값이 없어 등불을 켜지 못했어요. 하지만 손강도 좀처럼 글 읽기를 멈추지 않았어요.

후훗, 등불이 부럽지 않은걸?

진작 이럴걸!

눈이 소복소복 내린 겨울이면, 하얀 눈빛에 의지하여 책을 읽곤 했어요.

이렇게 열심히 공부한 손강도 어사대부라는 높은 벼슬까지 올랐어요.

훗날 사람들은 어려운 처지를 이기고 반딧불과 겨울 눈빛으로 책을 읽어서 큰 인물이 된 차윤과 손강의 모습을 두고 '형설지공'이라 불렀답니다.

『진서』'차윤전', '손강전'

집안이 어려워서, 시간이 없어서, 머리가 나빠서, 몸이 아파서 등등 공부는 하지 않고 핑계가 많은 사람들이 있어요. 하지만 차륜과 손강처럼 강한 의지만 있다면 아무리 어려운 환경에서도 공부를 할 수 있답니다. 차륜과 손강이 살았던 시대보다 한결 풍족한 지금이야말로 공부하기에 딱 좋은 때지요!

고사성어 하나 더

수불석권 手 손 수 不 아니 불 釋 내버릴 석 卷 책 권

손에서 책을 놓지 않는다는 뜻으로, 늘 책이나 글을 가까이하여 학문에 정진하는 것을 이르는 말.

에이브러햄 링컨은 어릴 때 미국 켄터키 주의 작은 마을에서 살았어요. 가정 형편이 어려워 겨우 방 한 칸짜리 통나무집에서 지내야만 했고, 학비가 없어서 겨우 3개월밖에 학교를 다닐 수가 없었어요.

그러던 어느 날 품팔이를 나간 링컨은 집주인에게 『워싱턴 전기』라는 책을 빌려 왔어요. 집에 돌아온 링컨은 호롱불 밑에서 열심히 책을 읽었어요. 하지만 아침에 일어나 보니 밤새 억수같이 내린 비로 지붕이 새는 바람에 책이 흠뻑 젖고 말았어요.

'이걸 어쩌지?'

링컨은 잔뜩 겁에 질린 얼굴로 주인을 찾아가 젖은 책 대신 농사일을 거들어 주겠다며 용서를 빌었어요. 하지만 주인은 책을 좋아하는 링컨에게 그 책을 선물로 주었어요.

그 후에도 링컨은 낮에는 일을 하고 밤이면 책을 읽었어요. 그리고 뱃사공, 가게 점원, 토지 측량업, 우체국장, 변호사 등 여러 직업을 거쳐 마침내 미국의 제16대 대통령이 되었답니다.

링컨은 그 후에도 평생 손에서 책을 놓지 않았어요. 먼지가 풀풀 날리는 길을 지날 때조차 한 손에는 책을 들고 있을 정도였답니다.

<인물 이야기> 에이브러햄 링컨

낮에는 열심히 일하고 밤에는 책을 읽으며, 살아가는 데 필요한 모든 걸 배운 링컨처럼 늘 책을 가까이 하면 성적도 오르고 더욱 지혜로운 사람이 된답니다.

고사성어 하나 더

성년부중래 盛 성할 성 年 해 년 不 아니 부 重 무거울, 아이 중 來 올 래
젊은 시절은 다시 오지 않으니 젊은 시절에 시간을 아껴 열심히 공부하라는 말.

'고사성어' 속 인물과 출처 배움터

인물 더 알기

⇨ 에이브러햄 링컨(1809~1865)

미국의 16대 대통령으로 노예 제도 폐지에 앞장섰어요. 또 남북 전쟁 당시 펜실베이니아 주 게티즈버그에서 '국민의, 국민에 의한, 국민을 위한 정부가 이 땅에서 사라지지 않도록'이라는 유명한 연설문을 남겼어요.

책 더 알기

⇨ 삼국사기

고려 인종의 명을 받아 김부식과 10인의 편찬 보조자들이 펴낸 역사책으로, 우리나라에 현존하는 가장 오래된 역사책이에요. 신라, 고구려, 백제 세 나라의 흥망성쇠의 과정과 한국 고대인들의 삶의 모습을 잘 보여 주고 있어요.

⇨ 춘향전

민간 설화로 전해지다가 판소리 <춘향가>가 되었고, 이후 소설로 만들어져 조선 후기에 널리 읽혔어요. 주인공 성춘향과 이몽룡의 신분을 초월한 사랑과 백성들을 괴롭히는 탐관오리의 횡포, 그리고 이에 저항하는 춘향의 모습을 통해 조선 후기 민중들의 꿈과 소망을 잘 보여 줬어요.

⇨ 진서

중국 당나라 때 방현령, 이연수 등이 당나라 황제의 지시에 따라 펴낸 진나라의 역사책이에요. 5호 16국에 관한 기록으로써 진나라 시대를 이해하는 데 도움이 되는 이 책은 총 130권으로 이루어져 있어요.

08

자아존중감을
높여 주는 고사성어

唯 오직 유 我 나 아 獨 홀로 독 尊 높을 존

나보다 더 높은 존재는 없다는 뜻으로, 세상에서 자기만 잘났다고
뽐내는 태도를 이르는 말로 쓰이지만 본래 의미는 인간의 존엄함을
일깨워 주기 위해 석가가 전한 말에서 비롯됨.

약 3,000년 전 높고 높은 히말라야 산 기슭에 인도 카필라 국이 있었어요.

어느 날 마야 왕비가 아기를 낳기 위해 친정인 콜리 성으로 가던 중이었어요.

"참으로 아름다운 곳이구나."

왕비는 룸비니 동산에서 잠시 쉬었다 가기로 했어요.

그런데 갑자기 산기가 있더니 아기를 낳았는데, 바로 초파일에 태어난 석가모니 왕자였어요.

아기가 태어나자 하늘에서는 하늘하늘 꽃비가 내리고, 상서로운 음악이 들려왔어요. 곧이어 아홉 마리의 용이 나타나더니 향기로운 물을 뿜어 갓 태어난 아기 왕자의 몸을 씻겨 드렸지요.

그러자 왕자는 벌떡 일어나 동서남북, 사방으로 일곱 걸음씩을 걸었어요. 그러곤 다시 가운데에 서서는 한 손으로는 하늘을 가리키고, 또 한 손으로는 땅을 가리키며 큰 소리로 외쳤어요.

"하늘 위나 하늘 아래에 내가 오직 존귀하다(천상천하 유아독존)!"

그날 석가모니 왕자가 외친 '천상천하 유아독존'이란 말은 그만큼 사람이 존귀하다는 걸 깨우치게 해 준 말이었어요. 하지만 지금은 그 뜻이 변하여 '세상에서 자기만 잘났다고 뽐내는 사람'이라는 뜻으로 쓰이고 있답니다.

<부처님의 탄생 설화>

부처님은 왜 태어나자마자 '천상천하 유아독존'이라고 외쳤을까요? 아마도 한 사람, 한 사람, 우리 모두가 아주 귀하디 귀한 존재라는 걸 깨닫게 해 주려고 했던 게 아니었을까요? 지금은 비록 그 뜻이 달라졌지만, 우리는 부처님 말씀대로 아주 귀하고 소중한 존재랍니다.

고사성어 하나 더

독청독성 獨 홀로 독 清 맑을 청 獨 홀로 독 醒 깰 성

홀로 맑으며 홀로 깨어 있다는 뜻으로, 어지럽고 혼탁한 세상에서 오직 홀로 깨끗하고 정신이 맑다는 의미.

군계일학

群 무리 군 鷄 닭 계 ― 한 일 鶴 학 학

닭의 무리 가운데 한 마리의 학이라는 뜻으로,
많은 사람 가운데 가장 뛰어난 한 사람을 뜻함.

"엄마, 엄마! 이번에 우리 발레 학원에서 크리스마스 날 '호두까기 인형' 공연을 해요! 그런데 내가 여자 주인공 클라라 역에 뽑혔어요!"

보라는 신이 나서 외쳤어요.

"우리 보라, 정말 대단하구나!"

엄마, 아빠는 한껏 칭찬을 해 주었어요.

마침내 '호두까기 인형' 공연 날이 다가왔어요.

날아갈 듯 어여쁜 발레복을 입은 보라는 떨리는 마음으로 무대에 섰어요.

크리스마스 날 밤.

클라라는 마법사인 아버지가 선물로 준 호두까기 인형을 안고 곤히 잠이 들었어요.

그런데 꿈속에서 생쥐 떼가 나타나 트리 장식을 망가뜨리며 온 집 안을 난장판으로 만들었어요.

그때 트럼펫 소리와 함께 병정들이 나타나 대포를 팡팡 쏘며 생쥐 떼를 물리쳤어요.

클라라도 용기를 내어 위험에 빠진 호두까기 인형을 구해 주었어요.

"고마워!"

호두까기 인형이 클라라에게 인사를 하는 순간, 호두까기 인형은 멋진 왕자로 변했어요.

우리 딸이
최고다~!

"우아! 참 잘했다! 원더풀!"

공연이 끝나자 객석에서는 박수와 함성이 쏟아졌어요.

보라는 호두까기 인형을 연기한 정우와 함께 손을 잡고 무대 앞으로 달려 나가 인사를 했어요.

"우리 딸, 정말 잘했어!"

"그야말로 군계일학이더구나."

엄마, 아빠는 보라를 꼭 안고 칭찬을 해 주었어요.

보라는 저절로 입이 벌쭉 벌어졌어요. 날마다 쉬지 않고 땀 흘려 연습한 보람이 있었거든요.

<창작동화> '클라라가 된 보라'

무엇이든지 잘할 수 있다는 자신감과 도전 정신, 꾸준한 노력은 작은 성공을 불러오고 작은 성공들이 모여 나의 자존감을 높여 줍니다. 주변의 격려와 칭찬까지 더해지면 말할 것도 없지요.

고사성어 하나 더

불세지재 不 아니 불　世 세상 세　之 어조사 지　才 재주 재

세상에 없는 재주라는 뜻으로, 보기 드물게 아주 뛰어난 재주 또는 그런 재주를 가진 사람을 의미.

棟 마룻대 동 **梁** 들보 량 **之** 어조사 지 **材** 인재 재

마룻대와 들보로 쓸 만한 재목이라는 뜻으로,
한 집안이나 나라를 이끌어 나갈 큰 인재를 비유적으로 이르는 말.

뛰어난 전략가이자 재상인 제갈량이 죽자 사람들은 이제 곧 촉나라가 망할 것이라고 생각했어요.

하지만 촉나라는 그 뒤에도 30여 년을 더 버텼어요. 그건 제갈량의 뒤를 이어 재상의 자리에 오른 장완이 있었기 때문이지요.

제갈량은 자신이 죽기 전에 이미 장완이 '동량지재'라는 걸 알고는 "나에게 무슨 일이 생기면 뒷일은 모두 장완에게 맡기라."는 말을 남겼고, 그전에도 이미 제갈량은 "장완은 국가를 다스릴 그릇이지 백리*를 다스릴 인재가 아니다."라며 장완을 크게 평가하곤 했답니다.

제갈량의 유언처럼 장완은 제갈량이 죽고 난 후 높은 자리에 올랐지만 조금도 기뻐하는 기색이 없이 평소처럼 차분하게 일을 했어요.

하지만 제갈량과 장완의 성격은 아주 딴판이었어요. 제갈량은 매우 엄격하고 빈틈없는 성격이었다면 장완은 반대로 늘 넉넉하고 여유로웠어요. 그런 성품 탓에 누가 비방을 해도 맞서지 않고 묵묵하게 나랏일을 해냈답니다. 제갈량은 장완의 그런 성품을 높이 샀던 거지요.

『삼국지』 '촉지 – 장완비의강유전'

*백리: 사방 백리의 땅. 한 고을을 가리켜 이름.

누군가 나를 '동량지재'라고 믿고 큰일을 맡겨 준다면 얼마나 좋을까요? 하지만 그런 믿음은 하루아침에 생기는 게 아니랍니다. 평소에 늘 묵묵히 자기가 맡은 일을 열심히 할 때 선물처럼 찾아오는 것이지요. 이 세상을 다 얻은 듯한 뿌듯함도 느끼게 될 테고요.

고사성어 하나 더

주석지신 柱 기둥 주 石 돌 석 之 어조사 지 臣 신하 신

국가의 기둥과 주춧돌의 구실을 하는 아주 중요한 신하를 뜻함.

金 쇠금 枝 가지지 玉 구슬옥 葉 잎엽

금으로 된 가지와 옥으로 된 잎이란 뜻으로, 아주 귀한 자손을 이르는 말.

막내 고모가 아들을 낳았다는 기쁜 소식이 날아왔어요.

"우아, 내 동생이 생겼다!"

동생이 없는 수정이는 뛸 듯이 기뻤어요.

"아이고, 금지옥엽 내 귀한 손주 좀 보게나. 떡두꺼비같이 생겼지?"

병원으로 간 할머니는 벙글벙글 웃으며 말했어요.

"그놈 참 똘똘하게 생겼다!"

친척들도 모두 한 마디씩 덕담을 아끼지 않았어요.

모두들 수정이는 거들떠보지 않고 아기만 예뻐했어요.

'치, 모두 아기만 예뻐하고!'

수정이는 샘이 나서 입을 삐쭉였어요.

그때 엄마가 수정이를 꼭 안고 말했답니다.

"우리 수정이도 엄마, 아빠한테는 금지옥엽이지!"

"정말?"

"그야 당연하지."

수정이는 그제야 환하게 웃었어요.

〈창작동화〉'내 동생이 생겼어요'

　이 세상에 귀하지 않은 아이는 아무도 없답니다. 모두 충분히 사랑받고 자라야 할 보물이니까요. 모든 관심이 동생에게만 쏠렸다고 해서 나를 사랑하지 않는 건 아니랍니다. 자신에 대해 긍정적으로 생각하고 나를 좀 더 아끼고 사랑해 주세요.

고사성어 하나 더

애지중지 愛 사랑할 애 之 이 지 重 무거울 중 之 이 지

매우 사랑하고 소중하게 여긴다는 뜻.

빈센트 반 고흐는 네덜란드 출신의 화가예요. 〈해바라기〉, 〈별이 빛나는 밤〉, 수많은 자화상을 그린 유명한 화가이지요.

고흐는 스무 살 무렵, 화가가 되기로 결심하고 그림에 몰두했어요.

그 무렵 고흐는 〈만종〉, 〈이삭줍기〉, 〈씨 뿌리는 사람〉 등 농촌 풍경이나 농부들의 모습을 그려 왔던 장 프랑수아 밀레를 스승으로 삼았어요. 가난한 집안에서 태어난 고흐는 밀레처럼 농촌이나 농민에 대한 애정이 누구보다 깊었거든요.

고흐는 밀레의 그림들을 열심히 본떠서 그렸어요. 그중에서 〈씨 뿌리는 사람〉은 여러 장을 그릴 정도였지요. 고흐의 대표작인 〈별이 빛나는 밤〉 역시 밀레의 〈별이 빛나는 밤〉을 보고 영감을 얻어 그린 것이랍니다.

"많은 화가들에게 영향을 준 화가는 내가 보기에 마네가 아니라 밀레이다."

1884년 고흐는 동생 테오에게 이런 편지를 보낼 정도로 누구보다 밀레를 존경했어요. 자존감이 낮고 아집이 강한 고흐는 밀레의 그림에서 희망을 얻고 열심히 그림을 그렸어요.

그 후 고흐는 점차 색채가 화려하고 그 누구도 따라올 수 없는 자기만의 그림을 그리게 되었어요.

비록 살아 있을 때는 한 장의 그림밖에 팔지 못했지만 지금은 스승인 밀레를 뛰어넘을 만큼 훌륭한 그림으로 많은 사람들에게 사랑받는 화가가 되었답니다.

〈인물 이야기〉 '빈센트 반 고흐'

훌륭한 스승을 만나고, 그 스승보다 더 뛰어난 제자가 된다는 건 정말 멋진 일이에요. 스승을 본받아 열심히 노력하다 보면 고흐처럼 자기만의 독특한 작품 세계를 만들 수 있답니다.

고사성어 하나 더

후생각고 後 뒤 후　生 날 생　角 뿔 각　高 높을 고

나중에 난 뿔이 우뚝하다는 뜻으로, 제자나 후배가 스승이나 선배보다 더 뛰어날 때를 가리켜 이르는 말.

'고사성어' 속 인물 배움터

인물 더 알기

⇨ **석가모니** (BC 563(?)~BC 483(?))

불교의 창시자예요. 원래 성은 고마타, 이름은 싯다르타지만 후에 깨달음을 얻어 붓다로 불리게 되었어요. 또 '석가'는 민족의 이름이며 '모니'는 성자라는 뜻으로 석가모니는 '석가족 출신의 성자'라는 의미랍니다.

⇨ **장완** (?~246)

후한 말, 삼국 시대 촉한의 재상이며 삼국지의 등장인물이에요. 제갈량이 전쟁에 나갈 때면 자리를 비운 제갈량을 대신하여 나랏일을 빈틈없이 돌보았어요. 그 후 제갈량이 죽자 그의 뒤를 이어 촉한의 실권을 도맡아 다스렸어요.

⇨ **제갈량** (181~234)

중국 삼국 시대 촉한의 지략가이며 자는 공명이며 별호는 와룡, 복룡으로 불렸어요. 유비를 도와 촉한을 세우는 일에 앞장섰으며, 그 후 북벌을 일으켜 8년 동안 다섯 번이나 위나라를 공략했어요. 그가 북벌을 하며 올린 출사표는 지금까지도 많은 사람들에게 감동을 주고 있어요.

⇨ **빈센트 반 고흐** (1853~1890)

서양 미술사에서 가장 위대한 화가로 손꼽히고 있는 네덜란드의 화가예요. 살아 생전에는 성공을 거두지 못했지만 그가 남긴 <해바라기>, <아이리스>, <별이 빛나는 밤>, <자화상> 등 900여 점의 그림과 습작들은 많은 사람들의 사랑을 받고 있어요.

09

역사 속에서
찾아보는 고사성어

杜 막을 두 門 문 문 不 아니 불 出 날 출

문을 닫고 나가지 않는다는 뜻으로, 집에만 틀어박혀 사회의 일이나
관직에 나아가지 않는다는 의미.

1392년, 이성계가 조선을 건국하자 고려의 충신 73명은 벼슬을 버리고 송악
산 두문동으로 들어갔어요. 그러곤 나무뿌리와 산나물을 뜯어 먹으며 살아갔어
요.

"고려의 충신들인 그들과 함께 새 나라를 튼튼하게 세우고 싶도다!"

이성계는 어떻게든 그들을 설득하려 했지만 고려의 충신들은 두 임금을 섬길
수 없다며 그 자리에서 꿈쩍도 하지 않았어요.

"그렇다면 그들을 강제로라도 나오게 할 수밖에."

화가 난 이성계는 두문동에 불을 질렀어요. 불을 피해 뛰쳐나오는 선비들에겐
죄를 묻지 않고 벼슬을 내릴 셈이었어요.

마침내 불꽃이 두문동 골짜기를 향해 점점 거세게 다가오자 선비들은 한 젊
은 선비에게 간곡하게 말했어요.

"누구 한 사람은 살아남아 백성들을 위해 우리의 뜻을 이어 나가야 한다."

선비들은 막무가내로 버티는 젊은 선비를 골짜기 밖으로 내몰았어요. 그리고
남은 72명의 선비들은 모두 죽음으로써 고려에 대한 충의와 절개를 지켰어요.

그때 살아남은 젊은 선비가 바로 황희였어요. 그 후 황희는 두문동 선비들의
뜻을 잊지 않고 언제나 옳은 일을 위해서라면 앞장서서 일했답니다.

<우리나라 역사 속 이야기>

옳은 일을 위해 자신의 뜻을 굽히지 않고 마침내는 죽음으로 맞선 선비들의 충절은 두고두고 교훈이 되고 있어요. 어떤 위협이나 협박에도 굴하지 않고 자신의 뜻을 지키는 일이 쉬운 일이 아니기에 더욱 애절하게 느껴지지요.

고사성어 하나 더

와신상담 臥 누울 와 薪 섶 신 嘗 맛볼 상 膽 쓸개 담

거북한 섶에 누워 자고 쓴 쓸개를 맛본다는 뜻으로, 목적을 달성하기 위해 온갖 고난을 참고 견딘다는 의미.

독야청청

獨 홀로 독 也 어조사 야 靑 푸를 청 靑 푸를 청

홀로 푸르다는 뜻으로, 남들이 모두 절개를 버린 상황 속에서
홀로 굳세게 절개를 지킨다는 의미.

성삼문은 수양대군이 어린 단종을 귀양 보내고 왕위를 차지하자, 단종을 새로이 왕위에 앉히려 박팽년, 이개, 하위지, 유성원, 유응부 등과 거사를 꾀했어요.

하지만 일을 치르기도 전에 그만 들통이 나서 붙잡히고 말았답니다.

성삼문이 고문을 받을 때였어요. 세조가 물었어요.

"나와 함께 일해 다오."

하지만 성삼문은 두 눈을 부릅뜬 채 시조를 읊었어요.

이 몸이 죽어 가서 무엇이 될꼬 하니

봉래산 제일봉에 낙락장송 되었다가

백설이 만건곤할제 독야청청하리라

"나으리, 이게 바로 내 마음이오."

성삼문은 세조를 '나으리'라고 부르며 뜻을 굽히지 않았어요.

"고얀지고! 네가 나를 나으리라고 하면서 그럼 내가 준 녹봉은 왜 먹었느냐?"

세조가 부들부들 떨며 소리쳤어요.

"나으리가 준 녹봉은 먹지 않았소이다."

성삼문이 가소롭다는 듯이 외쳤어요. 화가 난 세조는 당장 성삼문의 집을 수색하라 일렀어요.

그러자 정말로 즉위 첫날부터 받은 녹봉이 헛간에 고스란히 남아 있었어요.

"쇠가 식었구나, 다시 달구어 오라!"

화가 난 세조는 호통을 쳤어요.

끝내 굴복하지 않은 성삼문은 마침내 형장으로 끌려가 이개, 하위지, 유응부 등과 함께 처형을 당했어요.

〈우리나라 역사 속 이야기〉

어린 단종 임금을 지키기 위해 그 어떤 압박과 회유에도 꺾이지 않았던 성삼문을 비롯한 사육신들의 절개는 지금도 큰 울림을 주고 있어요. 우리도 주변에서 일어나는 옳지 못한 일을 보면 따끔하게 이야기할 수 있는 용기를 가져야 해요.

고사성어 하나 더

만고상청 萬 일만 만 古 오래될 고 常 항상 상 靑 푸를 청

아무리 오랜 세월이 흘러도 변하지 않고 항상 푸르다는 뜻. 즉, 절개를 뜻함.

天 하늘 천 高 높을 고 馬 말 마 肥 살찔 비

하늘은 높고 말은 살찐다는 뜻으로, 하늘이 맑고 모든 것이
풍성한 계절인 가을을 이르는 말.

중국 한나라 때였어요.

추수를 끝낸 사람들은 걱정이 이만저만이 아니었어요.

"올해도 또 흉노족이 쳐들어올 텐데 어쩌지?"

북쪽에 사는 흉노족은 여름 내내 말에게 신선한 풀을 잔뜩 먹게 했어요. 가을이 되면 말들은 피둥피둥 살찌고 그 어느 때보다 튼튼해졌지요.

흉노족들은 그 튼튼한 말을 타고는 만리장성을 넘어 한나라 국경을 넘어왔어요. 사람들이 힘겹게 농사지은 곡식을 빼앗아 가려는 속셈이었지요.

흉노족의 힘이 점점 강해지자 국경을 지키는 수비대조차 꼼짝 못 하고 당하기만 했어요.

"임금님이 계신 궁궐이 너무 멀리 떨어져 있으니 누가 와서 우리를 보호해 줄까!"

사람들은 겁에 질린 채 벌벌 떨었어요. 흉노족들이 한바탕 휩쓸고 지나가면 마을은 온통 쑥대밭이 되었지요. 흉노족에 맞서 싸우다가 죽는 사람도 한둘이 아니었어요.

이처럼 가을만 되면 되풀이되던 슬픔은 그 후 한 무제가 40여 년에 걸친 흉노족과의 전쟁을 승리로 이끈 후에야 사라졌어요.

『한서』 '흉노전'

　가을이 오면 언제 침입해 올지 모르는 흉노족을 조심해야 한다는 의미로 쓰였던 '천고마비'가 그 후 "하늘은 높고 말은 살찐다."는 풍성하고 넉넉하다는 뜻으로 바뀌었답니다.

일편단심

一 한 일 片 조각 편 丹 붉을 단 心 마음 심

한 조각의 붉은 마음이라는 뜻으로, 오직 한 곳으로 향한
변함없는 마음을 뜻함.

고려 말의 충신인 정몽주는 이성계와 그를 따르던 사람들이 고려 왕실을 무너
뜨리고 새 나라를 세우려 한다는 걸 알았어요.

"어찌 임금을 폐위시키고 새 나라를 세운단 말인가!"

정몽주는 자신과 뜻을 같이하는 사람들과 함께 고려 왕실을 끝까지 지키려
했어요.

그러던 어느 날, 정몽주는 말에서 떨어져 다친 이성계의 병문안을 갔어요. 그
때 이성계의 아들 이방원이 정몽주의 마음을 떠보려는 듯 넌지시 시 한 수를 읊
었어요.

이런들 어떠하며 저런들 어떠하리

만수산 드렁칡이 얽혀진들 어떠하리

우리도 이같이 하여 백 년까지 누리리라

이방원은 고려 임금을 버리고, 새 임금을 모시고 잘 지내보자는 뜻이 담긴 '하
여가'를 읊은 거예요. 그러자 정몽주도 자기 뜻을 알리는 시 한 수를 읊었어요.

이 몸이 죽고 죽어 일백 번 고쳐 죽어

백골이 진토 되어 넋이라도 있고 없고

임 향한 일편단심이야 가실 줄이 있으랴

정몽주가 읊은 시는 자신이 일백 번 고쳐 죽는다 해도 고려 왕실을 버릴 수 없다는 내용의 '단심가'였어요.

'음, 안 되겠다.'

이방원은 병문안을 마친 정몽주가 선지교를 지날 때 무참하게 죽이고 말았어요.

〈인물 이야기〉 '정몽주'

그 후 정몽주의 피가 얼룩진 자리에서 대나무가 솟아나자 사람들은 그 다리를 '선죽교'로 고쳐 불렀어요. 임금을 향한 정몽주의 일편단심이 대나무로 솟아난 거라고 여긴 거예요.

고사성어 하나 더

견여금석 堅 굳을 견 如 같을 여 金 쇠 금 石 돌 석

굳기가 쇠나 돌 같다는 뜻으로, 맹세나 언약이 금석과 같이 굳고 변함없이 단단하다는 의미.

'고사성어' 속 인물과 출처 배움터

인물 더 알기

⇨ 이황 (1501~1570)

조선 중기의 문신이며 학자, 교육자, 시인이며 호는 퇴계로 잘 알려져 있어요. 한국을 대표하는 성리학자로 손꼽히고 있으며, 경북 안동에 학문을 연구하고 제자를 가르치는 '도산서원'을 세워 박승임, 류성룡 등 수많은 문하생들을 배출했어요.

⇨ 성삼문 (1418~1456)

조선 중기의 문신이자 학자이며 사육신의 한 사람이에요. 세종대왕을 도와 집현전에서 정인지, 신숙주, 박팽년, 이개 등과 함께 '훈민정음'을 만드는 일에 참여하였으며, 단종 복위 운동을 벌이다가 안타깝게 죽었어요.

⇨ 정몽주 (1337~1392)

고려 말의 문신이자 외교관, 정치가, 유학자예요. 성균관대사성, 예의판서, 예문관제학 등 높은 벼슬에 올랐지만, 이성계가 이끄는 역성혁명에 반대하다가 안타깝게도 개경 선죽교에서 이방원 일파에게 죽임을 당했어요.

책 더 알기

⇨ 한서

중국 후한 시대의 반고가 전한 시대의 역사를 기록한 역사책으로, 『전한서』라고도 해요. 전한 시대의 역사만을 다루었다는 특징이 있으며, 사마천의 『사기』와 더불어 중국 역사서를 대표하는 책으로 평가되고 있어요.

전쟁 이야기 속
재미있는 고사성어

사면초가

四 넉 사 面 겉 면 楚 초나라 초 歌 노래 가

사방에서 들려오는 초나라 노래라는 뜻으로, 고사에 따르면
사방이 적에게 포위되어 피할 방법이 전혀 없는 몹시 위태로운 상황을 가리킴.

진나라를 무너뜨린 초패왕 항우와 한왕 유방은 서로 천하를 차지하기 위하여
전쟁을 일으켰어요. 그러다가 잠시 평화 협정을 맺고 쉬고 있을 때였어요.

어느 날 한나라의 책사 장량과 진평이 유방을 구슬렸어요.

"전하, 지금 초나라는 보름달과 같아서 점점 기우는 형세지만 우리 한나라는
초승달과 같아서 점점 커지는 형세니 먼저 공격을 하십시오!"

유방은 그들의 뜻을 받아들여 평화 협정을 깨고 군사 100만을 이끌고 총공격에 나섰어요.

"뭐라? 유방이 군사를 이끌고 온단 말이지? 고얀 놈!"

항우는 노발대발 화를 내며 당장 자신의 애마 오추마를 이끌고 전쟁터로 달려 나갔어요. 하지만 한나라 명장 한신이 초나라 군사들을 겹겹이 에워싸고는 거리를 좁혀 오자 겨우 5만의 초나라 군사들은 100만이나 되는 한나라 군사들과 힘겨운 싸움을 벌였어요.

그러던 어느 날 밤, 초나라 군사들이 자고 있는 막사로 구슬픈 통소 소리가 들려왔어요. 유방의 책사 장량이 꾀를 낸 거예요.

"아니, 이건 우리 초나라 노래가 아닌가? 한나라 군사들과 싸우다가 죽나

도망가다 죽나 마찬가지 아닌가? 그럴 바엔 차라리 그리운 처자식 얼굴이라도 보고 죽겠네."

마음이 울적해진 초나라 군사들은 슬피 울며 하나둘 도망을 가기 시작했어요.

"아, 하늘이 나를 버리시는가! 사방에서 들리는 건 초나라 노래뿐이로다!"

궁지에 몰린 항우는 하늘을 바라보며 탄식했어요.

결국 군사들을 모두 잃은 항우는 그 후 한나라 군사들과 맞서 싸웠지만 그들을 당해 낼 수가 없었어요.

『사기』'항우본기'

뜻하지 않게 궁지에 몰렸을 때, 사방팔방을 둘러봐도 도움을 받을 곳이 한 군데도 없고, 이도저도 할 수 없다면 얼마나 안타까울까요? '사면초가'는 바로 이처럼 오도 가도 못하는 상황을 나타낸 거예요. 전쟁 이야기에 자주 등장하지요.

고사성어 하나 더

진퇴유곡 進 나아갈 진 **退** 물러날 퇴 **維** 유지할 유 **谷** 골짜기 곡

계곡에 갇혀 앞으로도 뒤로도 나아가거나 물러서지 못한다는 뜻으로, 궁지에 빠진 상태를 의미.

三 석 삼 十 열 십 六 여섯 육 計 계책 계

본래 '삼십육계 주위상책'에서 온 말로써 서른여섯 가지의 계책 가운데 도망가는 것이 가장 좋은 책략이라는 뜻으로, 형편이 불리할 때는 달아나는 것이 최상책이라는 의미.

중국을 통일한 진시황이 죽고 나라 안팎이 어지러울 때였어요. 초, 한, 연, 위, 제 다섯 나라는 진시황에게 빼앗긴 자기 나라를 되찾으려 했어요. 천하장사 유방과 역발산 기개 항우도 초나라 희왕을 도와 전쟁에 나섰지요.

그러던 어느 날, 희왕은 진나라의 '관중'을 먼저 차지하는 장수를 관중의 왕으로 삼겠다고 말했어요. 관중은 진나라의 수도 함양 주변의 아주 중요한 지역이었거든요.

마침내 항우는 50만 대군을 이끌고 동쪽으로, 유방은 10만 대군을 이끌고 서쪽으로 나아갔어요.

그 후 항우의 군대는 사흘 만에 아홉 번을 싸워 모두 이기고 진나라 군사 30만을 물리치는 대승을 거두었어요. 유방도 각 고을의 성을 하나둘 점령해 나갔어요. 하지만 될 수 있으면 창칼을 쓰지 않고 백성들에게 곡식을 내주는 등 화해 작전을 썼어요. 항우가 무자비하게 창칼을 휘두른 것과 아주 반대였지요.

많은 전쟁이 있었고, 마침내 진나라 3세 황제인 자영은 유방이 이미 함양성 가까이 다가왔다는 말을 듣고 항복했어요. 유방이 먼저 관중을 손에 넣은 거예요.

항우는 머리끝까지 화가 나서는 당장이라도 군사를 이끌고 유방을 치려 했어요. 그러자 유방의 책사 장량이 꾀를 내어 말했답니다.

"먼저 항우가 있는 홍문으로 나아가 문안을 올리는 게 좋을 듯합니다."

마침내 유방은 홍문으로 나아가 항우에게 문안을 올렸어요. 항우는 반갑게 맞이하며 큰 잔치를 베풀었지요.

하지만 항우의 책사 범증은 무희를 자객으로 꾸미곤 유방을 해치려 했어요. 이때 이상한 낌새를 알아챈 장량이 다급히 유방에게 그 사실을 알렸고, 유방은 잔치판을 빠져나와 삼십육계 줄행랑을 쳤어요.

그 후 유방은 항우를 물리치고 중국을 통일한 후 한나라를 세웠어요. 한나라를 세운 한고조가 바로 유방이랍니다.

『초한지』

'삼십육계 줄행랑'이라는 말 많이 들어봤지요? 그건 전혀 부끄러운 행동이 아닙니다. 병법 중에도 "불리하면 도망가라."는 것도 있으니까요. 잠시 숨 고르고 지혜를 짠 다음 다시 도전하는 계기로 삼으라는 뜻이지요.

고사성어 하나 더

소미지급 燒 불사를 소 眉 눈썹 미 之 어조사 지 急 급할 급

눈썹에 불이 붙었다는 뜻으로, 매우 위급하다는 의미.

오합지졸

烏 까마귀 오 **合** 합할 합 **之** 어조사 지 **卒** 무리 졸

까마귀를 모아 놓은 것 같은 무리라는 뜻으로, 뭉칠 줄 모르고
우왕좌왕하며 다투기만 하는 형편없는 병졸 또는 군중을 뜻함.

중국 한나라 말, 왕랑이 반란을 일으키자 유수가 군사를 이끌고 나섰어요. 하북성 태수는 아들 경엄에게 군사를 이끌고 나가 유수를 도우라고 일렀지요.

하지만 그때 왕랑이 벌써 궁을 장악하고 황제가 되었단 소문이 들려오자 신창, 위포 두 장수가 경엄에게 말했어요.

"왕랑이 벌써 황제가 되었다면, 우리가 유수를 도우러 가는 건 개죽음이라 생각되오. 그러니 살길을 찾으려면 왕랑에게 가야 하지 않겠소?"

"왕랑은 도둑일 뿐이오. 게다가 왕랑의 군사는 급하게 꾸려진 오합지졸들이니 그들이 어찌 제대로 훈련을 받은 군사들을 이길 수 있겠소? 가시오! 하지만 지금 당신들이 옳은 판단을 하지 않으면 목숨을 잃을 수도 있소."

경엄은 단호하게 말했어요. 하지만 신창과 위포는 왕랑 쪽으로 넘어가 버렸어요.

'음, 어리석은 자들 같으니라고!'

경엄은 안타까워하며 유수를 찾아갔어요. 그러곤 유수를 도와 왕랑의 군대를 물리치고 황제를 다시 모셨어요. 물론 경엄의 말을 어기고 왕랑에게 간 두 신하는 경엄의 말대로 죽임을 당했지요.

그 후 경엄은 유수를 도와 많은 공을 세우고 건의대장군에까지 올랐어요.

천하를 평정하고 다시 나라를 세운 유수는 바로 동한을 세운 광무제랍니다.

『후한서』 '경엄열전'

중국 역사를 보면 크고 작은 나라들이 수도 없이 생겼다가 사라지곤 해요. 그러다 보니 오합지졸처럼 훈련이 되지 않은 군사들을 이끌고 나가 싸우기도 하지요. 하지만 거대한 중국을 통일하는 건 언제나 미리미리 군사들을 훈련하고 준비하던 나라입니다.

고사성어 하나 더

중구난방 衆 무리 중　口 입 구　難 어려울 난　防 막을 방

여러 사람의 입을 막기 어렵다는 뜻으로, 여러 사람들이 제각기 자신의 의견을 내세우느라 합리적인 조정이 이루어지지 못하는 어수선한 상황을 의미.

와신상담

臥 누울 와 薪 섶 신 嘗 맛볼 상 膽 쓸개 담

거북한 섶에 누워 자고 쓴 쓸개를 맛본다는 뜻으로,
목적을 달성하기 위해 온갖 고난을 참고 견딘다는 의미.

중국 춘추시대 때, 오나라와 월나라는 영토를 넓히려 툭하면 전쟁을 일으켰어요.

어느 날 오나라 왕 합려와 월나라 왕 구천이 전쟁터로 나갔을 때였어요. 오나라 왕 합려가 그만 화살에 맞고 말았어요. 합려는 숨이 끊어지기 전 아들 부차에게 원수를 갚아 달라는 유언을 남기고 숨을 거두었어요.

"복수를 하기 전까지는 편안한 데서 잠을 자지 않겠다."

부차는 왕위에 오른 후에도 매일 땔나무를 쌓아 둔 섶 위에서 잠을 잤어요.

두고 보자!
아버지의 원수 구천!

그리고 마침내 부차는 3년 만에 아버지의 원수인 월나라 왕 구천과 전쟁을 벌여 큰 승리를 거두었답니다. 간신히 목숨을 구한 월나라 왕 구천은 부차에게 무릎을 꿇고 머리를 조아려야 했지요.

"으윽, 내 기어이 이 치욕을 갚아 주리라!"

구천은 자기 나라로 돌아가 땅을 치며 원통해했어요. 그날부터 구천은 방 안에 쓰디쓴 곰의 쓸개를 갖다 놓고 아침저녁으로 핥으며 복수를 다짐했어요.

그로부터 4년 후, 오나라와 월나라는 다시 전쟁을 벌였어요.

복수심에 불탄 구천은 오나
라의 군사들을 향해 맹공격을
퍼부었어요.

결국 전쟁은 월나라의 승리로 끝
이 났어요.

전쟁에 패한 부차 왕은 하늘
을 우러러 슬피 울다가 스
스로 목숨을 끊었어요.

『사기』 '월왕구천세가'

'와신상담'은 부차
왕이 섶 위에서 잠을 잤다
는 의미의 '와신'과, 구천 왕이 곰의
쓸개를 핥았다는 뜻의 '상담' 두 개가 합해서 된 말이에요. 부차와
구천은 원수지간이었지만 강한 자존심과 불굴의 정신은 꼭 닮았답니다.

고사성어 하나 더
절치부심 切 끊을 절 齒 이 치 腐 썩을 부 心 마음 심
이를 갈고 마음을 썩히다는 뜻으로, 매우 분하여 한을 품었다는 의미.

赤 붉을 적 壁 벽 벽 大 큰 대 戰 싸움 전

중국 삼국 시대, 손권과 유비의 연합군이 조조의 대군을
적벽에서 크게 무찌른 싸움. 이 사건으로 손권은 강남의 대부분을,
유비는 파촉 지방을 얻어 중국 천하를 셋으로 나누었다.

중국이 위, 촉, 오 세 나라로 나뉘어져 있을 때였어요. 위나라의 조조, 촉나라의 유비, 오나라의 손권, 이 세 사람은 서로 삼국을 통일하려는 야심에 가득 차 있었답니다.

촉나라 책사였던 제갈량은 궁리 끝에 조조의 군사를 물리치려고 오나라 손권과 동맹을 맺었어요. 그리고 마침내 10만의 연합군은 조조군과의 마지막 결전을 위해 양자강 적벽으로 갔어요. 조조군도 100만 대군을 이끌고 적벽으로 모여들었고요.

"조조의 100만 대군을 물리치려면 힘보다는 뛰어난 전술이 필요하오."

"내가 불을 이용한 화공법으로 조조의 군사들을 몰아내겠소!"

제갈량의 말에 지략이 뛰어난 오나라 대장군 주유가 선뜻 나섰어요.

그때 조조의 군대도 마침 화공법을 준비하고 있었어요.

양쪽 군사는 마침내 양자강 적벽 푸르른 강물 위에서 서로 맞섰어요. 하지만 주유가 공격 신호를 보내려 할 때였어요.

"지금은 북서풍이 부니 되레 우리 군사들이 위험에 처할 수 있소."

하늘의 기운을 읽을 줄 아는 제갈량이 말렸어요. 연합군은 제갈량의 말대로 바람이 동남풍으로 불 때를 기다렸다가 조조의 군사들을 크게 물리쳤어요.

'음, 제갈량을 가만두었다간 언제고 우리가 불리할 게다.'

제갈량을 늘 눈엣가시처럼 여기던 주유는 어느 날 제갈량에게 명령했어요.

"화살이 부족하니 열흘 안에 10만 개를 만들어 오시오."

열흘 안에 화살 10만 개를 만드는 건 도저히 불가능한 일이었으니 제갈량을 칠 좋은 구실을 만들려는 것이었지요.

하지만 제갈량은 친구 노숙의 도움을 얻어 열흘이 아니라 사흘 만에 화살 10만 개를 만들어 왔어요. 배 스무 척에 지푸라기 인형 1,000개를 세워 군사들처럼 보이게 한 후, 적이 놀라 화살을 쏘게 만든 다음 그걸 몽땅 거둬 온 거예요.

제갈량을 없앨 기회를 놓친 주유는 부르르 떨었어요.

물론 제갈량 덕분에 화살 10만 개를 얻은 연합군은 조조의 군사를 크게 이겼답니다.

『삼국지연의』

제갈량과 주유처럼 군사 작전을 짜고 전략을 세우는 사람을 책략가 또는 군사(軍師)라고 한답니다. 제갈량의 뛰어난 지혜를 부러워한 주유는 훗날 '하늘은 왜 주유를 탄생시키고 또 제갈량을 탄생시켰나?'라며 탄식을 했다고 해요.

중국 삼국 시대의 또 다른 전쟁

관도대전
중국 후한 말 삼국 시대 초기 관도(현재의 허난 성 중무 현 근처)에서 조조와 원소가 벌인 큰 전투.

이릉대전
221년 촉한의 황제 유비가 의형제인 관우와 장비의 원수를 갚고 형주를 수복하기 위해 손권의 오나라를 침공한 전투.

토사구팽

兎 토끼 토 死 죽을 사 狗 개 구 烹 삶을 팽

토끼 사냥이 끝나면 토끼를 잡던 사냥개를 삶아 먹는다는 뜻으로,
필요할 때는 요긴하게 쓰다가 쓸모가 없어지면 버리는 경우를 이르는 말.

초나라 항우를 물리치고 중국을 통일한 유방은 한고조가 되었어요. 유방은 자신을 도운 공신들에게 큰 벼슬과 상을 내렸답니다. 특히 뛰어난 지략과 용맹함으로 큰 공을 세운 한신에게는 초나라 왕의 자리를 내렸어요.

초나라 왕이 된 한신에게 어느 날 항우의 장수이자 옛 친구인 종리매가 찾아왔어요. 종리매는 한때 적이 되어 싸웠던 친구지만 한신은 반갑게 맞아 주었어요. 하지만 이 소식을 들은 유방은 당장 종리매를 잡아 보내라 명령했어요.

한신은 보나마나 곧 죽게 될 옛 친구를 차마 보낼 수가 없었어요.

"한신이 그놈과 한통속이 되어 나를 해하려는 게 틀림없다. 가만둘 수 없다!"

"폐하, 당장 한신을 쳐야 하옵니다!"

유방이 펄펄 뛰자 한신의 세력이 커지는 걸 두려워한 진평이 부추겼어요.

그 소식을 들은 한신이 고민을 하자 종리매가 말했답니다.

"유방이 초나라와 자네를 치려는 건 자네 곁에 내가 있기 때문이네."

종리매는 스스로 목숨을 끊었어요. 한신은 종리매의 목을 가지고 가서 유방에게 바쳤어요. 하지만 유방은 한신을 붙잡아 온몸을 묶은 채 끌고 갔어요.

"아아, 토끼를 잡고 나면 토끼를 잡던 사냥개도 삶아 먹는다더니 그 말이 사실이었구나!"

한신은 하늘을 보며 통곡했어요.

『사기』 '회음후열전'

한신은 유방을 위해서 몸을 아끼지 않고 전쟁터를 누빈 장수랍니다. 그런데도 사소한 이유로 한신을 없앤 유방은 참 어리석은 사람이에요. 천금을 주고도 얻지 못할 신하를 잃은 거지요. 어려울 때 자기를 도와준 사람을 끝까지 돌봐 주는 게 사람의 도리랍니다.

고사성어 하나 더

배은망덕 背 배반할 배 恩 은혜 은 忘 잊을 망 德 덕 덕

남에게 입은 은혜를 잊고 배반함.

破竹之勢

破 깨뜨릴 파　竹 대 죽　之 어조사 지　勢 형세 세

대나무를 쪼개는 기세라는 뜻으로,
거침없이 적을 물리치며 진군하는 위풍당당한 기세를 이르는 말.

중국이 위나라, 오나라 두 나라로 나뉘어져 있을 때였어요.

위나라의 사마염이 반란을 일으켜 황제를 폐하고, 스스로를 '무제'라 일컫고 나라 이름을 '진'이라 불렀어요. 이제 천하는 진과 오, 두 나라뿐이었지요.

"여봐라, 당장 군사를 이끌고 나아가 오나라를 치도록 하라!"

어떻게든 천하를 손에 쥐고 싶은 무제는 두예에게 명령했어요.

두예는 곧바로 전쟁터로 달려가 오나라의 중요한 지역인 무창을 점령하고는 오나라 수도 건업을 단숨에 무너뜨리기 위한 마지막 작전 회의를 열었어요.

그때 한 장수가 나서서 말했어요.

"건업은 중국에서도 세 손가락 안에 들 만큼 덥고 습기가 많은 곳입니다. 또한 이제 곧 잦은 봄비로 강물은 넘칠 것이고, 또 언제 전염병이 발생할지 모릅니다. 그러니 겨울에 다시 공격하는 것이 어떠신지요?"

그러자 두예가 장수들을 둘러보며 단호하게 말했어요.

"지금 우리 군의 사기는 마치 대나무를 쪼개는 기세이다. 대나무란 처음 두세 마디만 쪼개면 그다음부터는 칼날이 닿기도 전에 저절로 쪼개지는 법인데, 어찌 이런 좋은 기회를 버린단 말이냐. 게다가 겨울이 오면 군사들이 추위에 떨어야 하는데 그때도 불리하니 후퇴하자고 할 것인가?"

장수들은 더 이상 아무 말도 하지 못했어요.

두예는 장수들을 이끌고 단숨에 오나라 수도 건업을 공격했어요. 진나라 군

사들이 어찌나 파죽지세로 달려드는지 오나라 군사들은 제대로 싸우지도 못하고 항복을 하고 말았어요.

그리고 마침내 진나라가 삼국 시대를 무너뜨리고 천하를 통일했어요.

『진서』 '두예전'

무제와 두예는 지금이 좋은 기회인지 나쁜 기회인지 정확하게 파악해서 빨리 결단을 내리고 강한 추진력으로 과감하게 밀고 나갔어요. 어영부영 망설이다 보면 도리어 일을 그르치기도 한답니다.

허허실실

虛 빌 허 虛 빌 허 實 열매 실 實 열매 실

비어 있음과 가득 찬 것을 이용한 계책이란 뜻으로, 상대방의 허점을 찌르고 실리를 얻는 계략 또는 그 계략으로 맞서 싸운다는 의미.

촉나라의 제갈량과 위나라의 사마중달은 삼국 시대의 아주 뛰어난 책략가였어요.

어느 날 두 나라가 전쟁을 벌이고 있었어요. 뛰어난 전술로 늘 승승장구하던 제갈량이 그만 사마중달에게 쫓기는 신세가 되었지요.

제갈량은 군사들을 이끌고 아주 작은 성으로 도망을 갔어요. 하지만 이미 따르는 군사도 얼마 없고, 성에도 고작 백성 몇 백 명만 있을 뿐이었어요.

'음, 지금이야말로 제갈량을 칠 좋은 기회이다!'

제갈량이 열세에 놓였다고 판단한 사마중달은 군사를 이끌고 성을 빽빽하게 에워쌌어요. 그리고 막 공격을 하려는데, 이상하리만치 성안이 조용했어요. 수상하게 여긴 사마중달이 성안을 살펴보니 제갈량이 성루에 돗자리를 깔고 앉아 비파를 연주하는 게 보였어요.

"목숨이 풍전등화인데 저렇게 한가롭게 연주를 하고 있다니! 뭔가 다른 꼼수가 있는 게 분명하다."

사마중달은 두려운 나머지 군사들을 이끌고는 다급하게 성을 떠났어요.

"하하, 사마중달이 내 계략에 넘어갔구나!"

가까스로 위기를 넘긴 제갈량은 그제야 옆에 있는 부하를 보며 큰 소리로 웃었어요. 하지만 긴장을 한 나머지 등줄기는 이미 땀에 흠뻑 젖어 있었답니다.

『삼국지』 '촉지 – 제갈량전'

『삼국지』에서 가장 재미있는 부분 중 하나는 제갈량과 사마중달의 지혜 싸움이에요. 사마중달은 늘 제갈량의 꾀에 넘어가곤 했지요. 위급한 상황을 제갈량처럼 지혜롭게 넘어가는 사람이 있는가 하면 대개의 사람들은 지레 겁을 먹고 포기해 버립니다. 두렵고 위급할 때일수록 제갈량의 지혜를 떠올려 보세요.

고사성어 하나 더

담소자약 談 말씀 담 笑 웃음 소 自 스스로 자 若 같을 약

태연하게 웃으며 이야기한다는 뜻으로, 걱정이 있거나 놀라운 일이 있음에도 의연하게 대처하는 모습을 비유하여 이르는 말.

脣 입술 순 亡 망할 망 齒 이 치 寒 찰 한

입술이 없으면 이가 시리다는 뜻으로, 서로 떨어질 수 없는
밀접한 관계를 일컫는 말.

중국 춘추 시대가 거의 끝나 갈 무렵이었어요.

진나라 헌공은 괵나라를 차지하고 싶어서 한 가지 술수를 생각해 냈어요.

'옳지, 그러면 되겠다.'

헌공은 진나라와 괵나라 사이에 있는 우나라 왕에게 사신을 보내어 달콤한 말로 꼬드겼어요. 진기한 보물을 가득 실어 보낼 테니 괵나라를 치러 갈 때 길을 열어 달라는 것이었어요.

그때 헌공의 속셈을 훤히 내다본 우나라의 현자인 궁지기가 우왕에게 간곡하게 말했어요.

"폐하, 괵나라와 우나라는 한 몸이나 다름없는 사이입니다. 그러니 괵나라가 망하면 우나라도 망할 것이옵니다. 옛 속담에도 수레의 짐받이 판자와 수레는 서로 의지하고, 입술이 없어지면 이가 시리다고 했습니다. 이는 바로 괵나라와 우나라의 관계를 말한 것입니다. 결코 길을 빌려주어서는 아니 되옵니다."

그러나 보물에 눈이 어두워진 우왕은 길을 내주고 말았어요.

"애석하도다! 이제 이 나라는 올해를 넘기지 못할 것이다."

궁지기는 나라가 망할 것을 알고는 가족을 데리고 멀리 떠나 버렸어요.

진나라는 궁지기의 예견대로 12월에 괵나라를 정벌하고, 돌아오는 길에 우나라도 정복하여 우나라와 우왕을 사로잡았어요.

『춘추좌씨전』 '희공 5년조'

훌륭한 임금과 장수는 아랫사람의 의견을 존중해야 해요. 우나라 왕처럼 자기 욕심만 채우려 하다가는 더 큰 걸 잃게 되거든요. 아무리 귀한 금은보화도 내가 노력해서 얻은 게 아니라면 욕심내지 말아야 해요. 갖고 싶은 게 있다면 내가 직접 땀 흘려 일해서 얻어야 한답니다.

고사성어 하나 더

보차상의 輔 광대뼈 보 車 잇몸 차 相 서로 상 依 의지할 의

광대뼈와 잇몸이 서로 의지한다는 뜻으로, 서로 간의 관계가 밀접할 때를 가리켜 이르는 말.

'고사성어' 속 인물과 출처 배움터

인물 더 알기

➡ 항우 (BC 232~BC 202)

중국 진나라 말기의 장수로 이름은 '적'이며 자는 '우'라고 해요. 군사를 일으켜 진나라를 물리친 후, 스스로를 초나라의 패왕이라고 불렀어요. 훗날 유방과 패권을 다투다가 해하에서 죽은 항우의 이야기는 지금도 중국의 연극, 소설 등 수 많은 작품의 소재가 되고 있어요.

➡ 유방 (BC 247(?)~BC 195)

중국 한나라의 초대 황제로, 패 땅의 농민 출신으로 진나라 때 난을 일으켜 패공이라고 불렸어요. 기원전 206년 한나라를 세운 후, 5년에 걸쳐 항우와의 치열한 싸움 끝에 해하성에서 싸움에 승리한 후 마침내 천하의 패권을 차지했어요.

책 더 알기

➡ 초한지

초나라 항우와 한나라 유방의 이야기로 진나라 말기, 진시황의 죽음 이후 한나라가 세워지기까지의 과정을 담고 있어요. 작품으로 남아 있지는 않고, 진 말기부터 서한 초기까지 여러 이야기들을 작가들이 모아 살을 붙여 지어낸 형태로 전해져 오고 있어요.

➡ 후한서

중국 남북조 시대에 송나라의 범엽이 펴낸 후한의 역사책으로, 광무제에서 헌제에 이르는 후한의 13대, 196년 역사를 기록하고 있어요.

➡ 춘추좌씨전

공자의 『춘추』를 중국 노나라의 좌구명이 해석한 책으로, 춘추 시대 전 시기에 일어난 주요 정치적·사회적·군사적 사건들을 모두 아울러 설명하고 있어요.